创新型大学生素质教育精品教材

互联网+教育改革新理念教材

我的未来我做主

——大学生职业生涯规划

主编　余文玉　钱　芳

上海交通大學出版社
SHANGHAI JIAO TONG UNIVERSITY PRESS

内容提要

本书契合了当前大学生职业生涯规划的客观需要，融入了编者多年从事就业指导教学和工作的相关经验，全面介绍了大学生职业生涯规划的相关知识。全书共分四个模块，内容包括职业生涯唤醒、自我认知、职业认知和职业决策。

本书内容系统、案例丰富、通俗易懂、实用性强，可作为普通高等院校学生职业生涯规划指导课程的教材，也可作为广大社会待岗人员求职就业前的参考读物。

图书在版编目（CIP）数据

我的未来我做主 ：大学生职业生涯规划 / 余文玉，钱芳主编. -- 上海 ：上海交通大学出版社，2020（2022重印）
ISBN 978-7-313-22426-2

Ⅰ. ①我… Ⅱ. ①余… ②钱… Ⅲ. ①大学生－职业选择 Ⅳ. ①G647.38

中国版本图书馆CIP数据核字(2020)第032106号

我的未来我做主——大学生职业生涯规划
WO DE WEILAI WO ZUOZHU——DAXUESHENG ZHIYE SHENGYA GUIHUA

主　　编：余文玉　钱　芳
出版发行：上海交通大学出版社　　地　　址：上海市番禺路951号
邮政编码：200030　　电　　话：021-64071208
印　　制：三河市祥达印刷包装有限公司　　经　　销：全国新华书店
开　　本：787mm×1092mm　1/16　　印　　张：11.5
字　　数：234千字
版　　次：2020年3月第1版　　印　　次：2022年4月第3次印刷
书　　号：ISBN 978-7-313-22426-2
定　　价：45.00元

前言

QIANYAN

常言道："凡事预则立，不预则废。"对大学生而言，做好自己的职业生涯规划是将来成功就业的前提。教育部与人力资源社会保障部要求：高校要按照"全程化、全员化、信息化、专业化"的要求，进一步提升就业指导和服务水平，将就业指导课程切实纳入高校教学计划。根据这一要求，南昌师范学院本课程教学团队根据多年从事就业指导教学和工作的相关经验，共同编写了这本《我的未来我做主——大学生职业生涯规划》，目的是帮助大学生树立职业生涯规划意识，同时使大学生掌握职业生涯规划的方法与技巧。

本书从实用的角度出发，紧紧围绕"如何规划职业生涯并实施"编排内容，全面系统地介绍了大学生职业生涯规划的相关知识。通过学习本书，学生可以树立正确的职业观和职业目标，促使自己从学生角色向职业人角色自然转变，同时提升职业竞争力，为以后的就业做好准备。本书包括四个模块，模块一为"职业生涯唤醒"，主要介绍了职业生涯及职业生涯规划的基础知识和相关理论；模块二为"自我认知"，主要介绍了如何正确认识自我；模块三为"职业认知"，主要介绍了职业及其分类、职业环境、职业素质、职业理想，以及如何探索职业等内容；模块四为"职业决策"，主要介绍了职业决策的相关理论和决策方法，以及如何树立正确的就业观、如何实施职业生涯规划等内容。

本书主要具有以下特色。

1．体例新颖，宜教易学

本书每个模块都包含学习目标、引导案例、知识链接、探索活动和课外实践五个部分。其中，"学习目标"列出了应掌握的重要知识点，便于学生有目的地进行学习；"引导案例"内容贴近学生实际，自然而然地引出正文，可以激发学生的学习兴趣；"知识链接"重点讲解相关的理论知识，还配有拓展阅读、经典案例、课堂讨论等体例，帮助学生拓展视野，加深对知识的理解；"探索活动"形式多样、内容丰富，让学生通过各种活动学会思考，开拓视野，不断提升自己的职业规划能力；"课外实践"训练学生的实际应用能力，巩固所学知识。

2．内容实用，案例典型

全书内容简明扼要，贴近实际，语言浅显易懂，案例典型精彩。书中收录的一些大学生的实际案例和近年来社会生活中的典型案例，对指导大学生规划职业生涯非常有借鉴性。

3．体验性强，贴近实际

本书以学生为主体设计了丰富的实践活动，实践形式丰富多样，如观察、访谈、测试、实习等，让学生在实践中掌握知识要点，通过“学中做，做中学”的学习方式，快速提升职业规划能力和职业竞争力。

4. 随扫随看，“码”上学习

本书配置了“二维码”立体化学习资源，学生只需拿起智能手机“扫一扫”及相关设备，丰富的微课内容就跃然于眼前，增强了学习的趣味性和互动性。

在本书的编写过程中，我们参阅了大量同类教材和相关资料。在此，谨向相关文献作者表示衷心的感谢！

由于编者研究能力、学术水平以及编写时间限制，书中存在的疏漏与不当之处，敬请专家和广大读者批评指正。此外，本书在编写过程中引用了大量案例，其中部分案例来源于互联网和一些非正式出版物，在此，也对这些案例资源的作者表示衷心感谢。另外，本书在正文中没有注明出处的案例均为自编或者根据真实事件改编。本书配有教学课件，读者可以登录文旌综合教育平台“文旌课堂”（www.wenjingketang.com）下载。

本书编委会

目录

MULU

模块一

职业生涯唤醒

学习目标

- 唤醒对职业生涯的认识
- 掌握职业生涯的基本概念与相关理论
- 认识职业生涯规划的重要性

引导案例

你是哪条毛毛虫？

有四条毛毛虫都喜欢吃苹果，它们打算在苹果成熟的季节去森林里找苹果吃。

第一条毛毛虫爬啊爬，终于来到了一棵苹果树下。但它不知道这是一棵苹果树，也不知道树上长满了红红的苹果，它只是看到有毛毛虫在往上爬，就稀里糊涂地也跟着往上爬。它没有目的，不知终点，不知道选择哪一个苹果，也没想过怎样去摘取苹果。它的最后结局呢，也许是找到了一个大苹果，幸福地生活着；也许是在树枝间迷了路，过着悲惨的生活。其实，大部分的毛毛虫都是这样活着的，它们直到“虫生”结束，也没有弄清楚自己为什么而活，就这样稀里糊涂地过了一辈子。

第二条毛毛虫也爬到了苹果树下。它知道这是一棵苹果树，也确定它的“虫生”目标就是找到一个大苹果。问题是它并不知道大苹果长在什么地方。但它猜想，大苹果应该长在粗的树枝上吧。于是它就慢慢地往上爬，遇到分枝的时候，就选择较粗的树枝继续爬，或者是别的虫往哪儿爬，它也就跟着往哪儿爬。最后它终于找到了一个大苹果，这条毛毛虫刚准备高兴地扑上去大吃一顿时，放眼一看，它发现这个树上还有许多更大的苹果，而它找到的这个是较小的一个。更令它泄气的是，要是上个岔口选择另外一个分枝，它就能得到一个大得多的苹果。

第三条毛毛虫也到了苹果树下。这条毛毛虫知道自己想要的是大苹果，并且为此研制了一副望远镜。还没有开始爬时，它就先利用望远镜搜寻了一番，找到了一个很大的苹果。同时，它发现当从下往上爬时，会遇到很多分枝，于是它很细心地从目标苹果的位置由上往下反推至目前所处的位置，记下这条确定的路径。做好充分的准备后，它开始往上爬了，当遇到分枝时，它一点也不慌张，因为它知道该往哪条路走，而不必跟着一大堆虫去挤破头。但是因为它花费了较长的时间做准备而且爬行得相当缓慢，所以当它抵达时苹果已经被别的毛毛虫捷足先登了。

第四条毛毛虫可不是一条普通的毛毛虫，它见多识广、做事有自己的规划。它知道自己要什么样的苹果，也知道苹果成熟的过程，因此它早早就来到苹果树下。当它带着望远镜观察满树的青苹果时，它的目标并不是一个大苹果，而是一树枝的大苹果。它详细地规划了路线，并预估了所需的时间，然后在合适的时间出发了。当它到达的时候，青苹果恰好长成了红苹果，它如愿以偿，得到了许多又大又甜的苹果，过上了香甜富足的生活。

第一条毛毛虫是一条没有目标、没有规划的“糊涂虫”；第二条毛毛虫知道自己要什么，它在习惯的指导下做出了一些看似正确实则欠妥的选择，使它渐渐远离了大苹果；第三条毛毛虫有清晰的人生规划，但是因为行动过于缓慢而最终与成功擦肩而过；第四条毛毛虫制订了适合自己的人生规划，然后一步步实现了自己的梦想。

其实我们就像那几条毛毛虫，而“苹果”就是我们的人生目标——职业成功。“爬树的过程”就是我们职业生涯的过程。毕业后，我们都得爬上人生这棵“苹果树”去寻找未来。完全没有规划的职业生涯注定是要失败的，有什么样的规划就有什么样的人生。我们的时间非常有限，越早规划自己的人生，就越可能早获成功。

知识链接

知识链接一　职业生涯规划概述

一、职业生涯

（一）职业生涯的概念

职业生涯是指一个人一生所有与职业相连的行为与活动，以及相关的态度、价值观、愿望及连续性经历的过程，是一个人一生的任职经历，也是一个人一生中职业、职位的变迁，以及工作理想及人生价值的实现过程。

职业生涯包含了以下五个方面的含义：

（1）职业生涯是个体以职业为核心的行为经历，与组织和群体关系较小，它随主体的不同而变化。

（2）职业生涯是一种动态过程，是一生中所有与职业相关的连续活动或经历。职业生涯并非是从步入社会工作才开始。它一方面包括了从事工作前的职业准备阶段，如职业能力的获得、职业兴趣的培养、职业选择和定位、职业资格证书的获得等；另一方面也包括职业发展、变更的经历和过程。

（3）职业生涯只是表示一个人一生中在各种职业岗位上所度过的整个经历，并不包含有成功与失败的含义，也不包含进步快慢的含义。

（4）职业生涯受多方面因素影响，如个人对终身职业生涯的设想与计划、组织的需要与人事计划、社会客观环境、教育成长环境、个人发展需求等。

（5）职业生涯是一个发展的过程，这个过程随着时间的延续而改变。这个过程有两种形式：一种是职业的改变，这种改变是个人所从事的工作内容的改变，并不一定是工作或者单位的变动，也可以是在同一单位中从事不同的工作；另一种是职务的晋升，是在同一职业甚至同一单位中，个人职位不断升迁。这都是属于职业生涯的良性发展。

（二）职业生涯成功标准

所谓成功就是获得预期的结果。职业生涯的成功就是实现个人职业生涯所追求的目标。职业生涯成功能使人产生一种自我实现感，从而促进个人素质的不断提高和潜能的发挥。每个人都可以也应该对自己的职业生涯成功进行界定，包括成功意味着什么、成功的范围、成功与健康的关系、自身被承认的方式和拥有的社会地位等。

职业生涯成功并没有一个统一的标准，个人、家庭、企业、社会都有不同的成功标准。就个人而言，由于职业需求不同、职业目标不同，其成功标准也不一样。在此我们主要分析个人职业生涯成功的标准。

从现实来看，职业生涯的成功方向与标准具有明显的多样性，目前达成广泛共识的主要有以下 5 种：

（1）进取型——达到集团和系统中的最高地位和阶层。

（2）安全型——追求长期、稳定的工作认可、工作安全，获取他人的尊敬和成为“圈内人”。

（3）自由型——在工作过程中得到最大的自由度而不被控制，视经历的多样性为成功。

（4）攀登型——得到刺激、挑战和冒险的机会，追求螺旋式上升路线和自我完善。

（5）平衡型——在工作、家庭和自我发展之间取得有意义的平衡，以使工作不至于变得太耗精力或太乏味。

实际上，职业生涯是否成功，主要还是看是否实现了自己设立的职业生涯目标，任何脱离达成目标的成功都是毫无意义的。

大学生可以从以下几个维度去思考自己职业生涯成功的标准：品德高尚、人际和谐；家庭和睦，身体健康；胜任工作，取得成绩；发挥潜能，超越自我。

（三）影响职业生涯成功的因素

影响职业生涯的因素是多方面的，既有外部环境因素，也有个人因素。外部环境因素既包括社会政治经济形势、经济体制、国家政策；也包括组织的管理制度、领导管理水平、文化氛围与人际关系等。个人因素是决定职业生涯是否成功的关键，是起决定作用的因素。下面我们重点讨论个人因素对职业生涯成功的影响作用。

1. 职业理想

职业理想是人生理想的重要组成部分，是个人依据社会需求和个体条件确立的奋斗目标。人生需要目标，成功也需要目标。确定职业理想是我们取得职业生涯成功的起点，大学生首先要明确：我想干什么？我爱干什么？我能干什么？对这些问题的综合思考能使个人明确自己的奋斗方向，会使个人胸怀长远目标，会使个人在努力过程中遇到挫折与失败时能有面对的勇气，会使个人不断奋勇向前，会使理想中的“我”与现实中的“我”统一起来。所以说，确定职业理想是获得职业生涯成功的重要因素。

2. 自信心

自信心是一个人对生活乐观、积极进取的信念，是一种反映个体对自己是否有能力成功地完成某项活动的信任程度的心理特性，是实现目标的动力源泉。成功学家认为，自信心是获得成功的第一要素。在许多成功者身上，我们都可以看到超凡的自信心所起到的巨大作用。这些事业取得成功的人，在自信心的驱动下，敢于对自己提出更高的要求，并能在失败的时候依旧心怀希望，坚持不懈，最终获得成功。自信心的建立是正向强化的结果，积极的自我暗示能使人产生自信意识。中国古谚“天生我才必有用”，就是对自己的鼓励，告诉我们每个人都有自身的优势和特长，要让自己充满自信。

3. 行动

行动是取得职业成功的重要保证。将计划转化为行为，是实现职业生涯的最终目的和落脚点。职业生涯成功的关键是用行动践行计划，脚踏实地地走好每一步。大学生要积极行动并坚持不懈；要善于把握机遇；要主动适应环境的变化与要求，不断创新；要善于管理时间；要有远见和超前思维，抢占先机，争取主动。

案例精选

成功的公式

直到16岁，他还在学校懵懵懂懂地混日子，经常打架、逃学。连教师都有些怕他，但他却从没觉得这有什么不好。16岁，正是情窦初开的年龄，那年他喜欢上了班上一个女同学，给她写了一封情书。但她竟然把他的情书贴到了学校的宣传栏里。虽然他的检讨书在宣传栏贴过不下20次，但这一次，不知为什么他感到一种刺心的痛。第二年，他就转学了，在后来的那两年的时间里，他像变了个人似的，拼命地学习，最终考上了湖南大学。

22岁，他大学毕业，顺利地进入了亲戚开的公司。每天一杯茶一张报地混日子，觉得自己过得很不错。有一回，他到乡下去访亲，看到亲友竟然把一头狼像狗一样地养在家里看家护院。他惊问其故，亲友告之：这狼自幼就与狗一同驯养，久而久之，连长相都有些像狗，更别提狼性了。他当时看着那狼，想到了自己，顿时有些心惊。没过多久，他就在别人的惋惜声中辞职了，去了深圳。

到了深圳后，他专去那些有名的外资公司求职，而且他总能想方设法地直接向外方经理面送自荐信，搞得那些外方经理一个个莫名其妙：“我们现在没有招聘需要啊！”他微笑着告诉对方：“总有一天你们会需要招聘的，真到那时，我就是第一个应聘的人。”还别说，他真的被其中一家公司录用了。那一年，他24岁。

27岁，他因为工作突出，被调到地处丹佛的美国总部。上班第一天，他按国人的习惯请美国的新同事共进午餐。然而，就在他准备买单的时候，同事们却一个个不合情理地坚持自己买自己的单。他当时觉得很是尴尬，但同时也明白了什么，于是更加努力地工作。

这是一个人的真实经历，他叫王其善，现在是位于美国丹佛市的全球第四大电脑公司的技术总监。

他在讲述自己经历时说道：16岁时的经历让我明白，一个人要想被他人接受，并且被他人尊重，首先得自己尊重自己；22岁我开始明白，狼之所以失去狼性，是因为它没有学会自立；24岁我知道，要想求职成功，首先自己要自信；而27岁在美国上班的第一天，我知道了美国人为什么要实行AA制——因为每个人都不能指望别人为自己的人生买单，要想获得成功，你就得自己努力，这就叫自强。

自尊+自立+自信+自强=成功，这就是成功的公式！

二、职业生涯规划

（一）职业生涯规划的概念和类型

1. 职业生涯规划的概念

职业生涯规划又叫职业生涯设计，是指在对个人职业生涯的主客观条件进行测定、分析、总结的基础上，对自己的兴趣、爱好、能力、特点进行综合分析与权衡，结合时代特点，根据自己的职业倾向，确定最佳的职业奋斗目标，并为实现这一目标做出行之有效的行动计划。通俗地讲，职业生涯规划就是打算选择什么样的行业、什么样的职业、什么样的组织、想达到什么样的成就，想过一种什么样的生活，如何通过努力达成目标。

职业生涯规划包括个人对自己进行的个体职业生涯规划和组织对员工进行的职业规划管理体系两类。职业生涯规划是个体人生规划的主体部分，其目的不只是帮助个人找到一份合适的工作，更为重要的是帮助个人真正认识自我。合理设计自己的职业生涯是迈向成功的第一步。

实际上，大学生的职业生涯规划在参加高考前就已经开始，报考的大学和专业已经体现出职业意向。进入大学后，大学生应通过对自身和外部环境的认知，尽早做好在校期间的生涯规划，把握好这人生宝贵的大学时光，努力学习知识、掌握专业技能、提升综合素质，为未来进入职场做好充分准备。

拓展阅读

大学生的普遍困惑

小刘毕业于某校的环境类专业，毕业不到3年，他却已经换了5份工作。第一份工作在一家第三方检测公司当检测员，他干了一年觉得不适合，主动提出了辞职；第二份工作是在一家民营企业当安全技术员，这份工作仅维持了7个月；在接下来的9个月里，他又走马灯似的换了3份工作，最后一份工作仅干了一个星期就辞掉了。现在小刘又回到他已非常熟悉的人才市场，重复他习以为常的动作：投简历，面试，再投简历，再面试……。他感到非常苦恼和迷茫：不知道自己究竟该从事什么职业？

这样的例子虽然极端，但却直射出部分大学生缺乏职业规划、对求职就业感到迷茫的现实。一项调查显示，43%的学生的就业准备属于“临阵磨枪”型，即直到毕业才考虑就业问题；另有40%的学生在大三时开始考虑就业问题；仅有4%的学生在大一阶段就关注如何就业。

资料来源：百度文库，https://wenku.baidu.com/view/ac9e8c72783e0912a2162ac8.html

2．职业生涯规划的类型

职业生涯规划按时间长短，可分为短期规划、中期规划、长期规划和人生规划4种类型。

（1）短期规划。短期规划一般为2～3年的职业规划，主要确定近期的目标，规划近期要完成的任务。

（2）中期规划。中期规划一般规划3～5年内要达到的目标和任务。人们一般把个人职业规划的重点放在中期规划，这样有利于根据实际情况随时进行调整。

（3）长期规划。长期规划一般为5～10年的职业规划，主要制订较长远的目标，以及为实现目标所采取的措施。

（4）人生规划。人生规划即整个职业生涯的规划，时间可长达40年，主要设定个人整体发展目标。

（二）职业生涯规划的目的及意义

很多大学生到了毕业的时候，都会感慨说：“假如时光可以倒流的话，我会选择另外的生活方式。”还有的毕业生说：“回首几年大学生活，我浪费了太多时光，我好像什么都没有学到。”有的大学生一直都很迷茫，走一步算一步，跟着感觉走，跟着高年级的同学走，到头来发现没什么收获。为什么会出现这种情况呢？最重要的原因就是没有做好职业生涯规划。

职业生涯规划
助她成长

通过对毕业生进行求职准备情况的调查研究以及对刚工作不久的毕业生进行回访调查发现，大学生在求职准备方面呈现几个明显倾向：第一，在对职业能力的自我评估上，许多大学生存在高估或低估的倾向，自我评估结果与实际职业能力有较大偏差；第二，在对职业信息的了解上，许多大学生过于关注职业是否符合自身需要，却忽略了职业要求与自身素质的匹配程度；第三，在职业准备的投入上，大多数大学生对知识准备和技能准备的投入都不足，且比较被动。

可以看出，职业生涯规划的主要目的是找到适合自己的工作并通过规划谋求职业发展，最终目的是增强大学生个人实力，增强大学生发展的目的性与计划性，提升大学生应对竞争的能力。找工作最重要的就是要人岗匹配、适合自己，所以分析、定位是职业生涯规划的首要环节，它决定着个人职业生涯的方向，也决定着职业生涯规划的成败。在进行分析、定位时，可以通过可靠的量表工具，评估职业倾向。职业生涯规划其实就是根据测评结果的各项指标，以及自身的学历、经历、能力，了解一个人的内在、外在优势，并且把这些优势整合在一起，作为职场上打拼的核心竞争力。大学生应在职业生涯规划的基础上，制订出实施方案和具体措施，在进行职业规划和实施的过程中，如果对于相关市场状况、行业前景、职位要求、入行条件、培训考证、工作业务、薪酬提升等方面有疑问，可以咨询职业生涯规划师的意见。

一份行之有效的职业生涯规划，对于大学生来说具有重要意义：可以引导大学生正确认识自身的个性特质、现有与潜在的资源优势，帮助大学生重新对自己的价值进行定位并使其持续增值；引导大学生对自己的优势与劣势进行综合分析；使大学生树立明确的职业目标与职业理想；引导大学生评估个人目标与现实之间的差距；引导大学生根据实际情况调整职业定位，搜索和发现新的或有潜力的职业机会；引导大学生学会运用可行的步骤与措施，不断增强自身的职业竞争力，实现自己的职业目标与理想。

案例精选

没有职业方向的烦恼

生物学专业毕业的小丽是一个具有三年多工作经验的女生，先后在某外企和某餐饮企业做客户工作，然而现在的她非常迷茫。她说：“我已经失业四个月了，真烦人。四年前，我大学毕业，学的是生物专业，但我不喜欢，更不想以此为职业。我英语很好，多年的学校社团工作经验又让我具备了很强的沟通、交际能力。毕业后，顺利通过三轮面试，成为一家外企的总经理助理，工资水平属于同学中的佼佼者，大家都很羡慕我，但只有我自己知道我的工作很无聊。每天都有处理不完的琐事，感觉自己根本不会有什么出路，更不会学到新东西。”于是，在一年合同期满的时候，小丽毅然离开了那里。不久，小丽在报纸上看到一家刚刚进入中国的跨国餐饮集团在招聘客服人员，觉得很新鲜，就去试试，结果被安排到门市部工作，直接接触客户，这个工作小丽一干就是两年多。

可是，小丽逐渐发现，这个企业人际关系复杂，自己要想升职几乎是不可能的。辞职，再一次摆在她的面前。在仔细考虑了一段时间后，小丽以为她肯定能找到更好的机会，于是，她又一次坚决地辞职了。她给自己放了3个月的长假，以调整好心态和身体，继续寻找新的工作。

4个月过去了，她在各大网站上投了超过70份简历。然而让她意想不到的是，她只得到了几个回复，并在简单的一轮、二轮面试之后，就没有了下文。

小丽很苦恼，她说："我也知道自己没有什么显赫的学历和职业背景，我也不希望自己马上成为高薪一族，但我就是不明白，以我现在的情况，以我这几年还算丰富的经验，我怎么就找不到一个普通的工作呢？"

资料来源：新浪网，http://edu.sina.com.cn/l/2004-05-27/70468.html

（三）职业生涯规划的特点

一份行之有效的职业生涯规划应该具有下列特点：

（1）可行性。规划要从个人的实际出发，要切实可行，不能是美好幻想或不着边的梦想。

（2）适时性。规划是预测未来的行动，确定将来的目标。因此，各项主要活动何时实施、何时完成，都应有时间和时序上的妥善安排，以作为检查行动的依据。

（3）适应性。未来的职业生涯牵涉到多种可变因素，因此规划应有弹性，以增加其适应性。

（4）连续性。职业生涯是一个连续不断的过程，因此要注重规划的连续性。

知识链接二　职业生涯规划的基本理论

一、帕森斯的特质因素理论

帕森斯的特质因素理论又称"人职匹配理论"，是由美国波士顿大学教授弗兰克·帕森斯于1909年提出的。该理论是最早的职业辅导理论。其中，"特质"是指个人的人格特征，包括能力倾向、兴趣、价值观和人格等，这些都可以通过心理测量工具来加以衡量；"因素"则是指在工作上取得成功所必须具备的条件或资格，这可以通过对工作的分析来了解。帕森斯认为，每个人都有自己独特的人格模式，每种人格模式的个人都有其相适应的职业类型。

帕森斯将选择职业的过程分为 3 步。

第一步是评价求职者的生理和心理特点。通过心理测量及其他测评手段，获得有关求职者的身体状况、能力倾向、兴趣爱好、气质与性格等方面的个人资料，并通过会谈、调查等方法获得有关求职者的家庭背景、学业成绩、工作经历等情况，并对这些资料进行评价。

第二步是分析各种职业对人的要求（因素），并向求职者提供有关的职业信息。主要包括 4 个方面：① 职业的性质、工资待遇、工作条件及晋升的可能性；② 求职的最低条件，诸如学历要求、所需的专业训练、身体要求、年龄、各种能力及其他心理素质的要求；③ 为准备就业而设置的教育课程计划，以及提供这种训练的教育机构、学习年限、入学资格和费用等；④ 就业机会。

第三步是注意人职匹配。指导人员在了解求职者的特性和职业的各项指标的基础上，帮助求职者进行比较分析，以便选择一种适合其个人特点又有可能取得成功的职业。

二、霍兰德的职业兴趣类型理论

职业兴趣与职业规划

20 世纪 60 年代，美国职业指导专家霍兰德结合人格心理学概念，提出职业兴趣类型理论，指出职业选择是人格的一种表现，工作兴趣类型即人格类型。

霍兰德的职业兴趣类型理论的基础主要由以下 3 个基本假设组成：

（1）大多数人的人格特质都可以归纳为 6 种类型，即现实型、研究型、艺术型、社会型、企业型和传统型（见表 1-1）。

表 1-1　霍兰德职业兴趣类型

类型	喜欢的活动	重视的方面	职业能力要求	典型职业
现实型 R	用手、工具、机械制造或修理东西；愿意从事实物性的工作、体力活动，喜欢户外活动或操作机器，而不喜欢在办公室工作	具体实际的事物，诚实，有常识	使用手工或机械技能对物体、工具、机器、动物等进行操作，与“事物”工作的能力比与“人”打交道的能力更为重要	园艺师、木匠、汽车修理工、工程师、军官、外科医生、足球教练员
研究型 I	喜欢探索事物，善于学习研究那些需要分析、思考的抽象问题；喜欢阅读和讨论有关科学性的论题；喜欢独立工作，对未知问题的挑战充满兴趣	知识，学习能力，成就，独立性	分析研究问题、运用复杂和抽象的思考创造性地解决问题的能力；谨慎缜密，能运用智慧独立地工作；一定的写作能力	实验室工作人员、生物学家、化学家、心理学家、工程师、大学教授

（续表）

类型	喜欢的活动	重视的方面	职业能力要求	典型职业
艺术型 A	喜欢自我表达；喜欢文学、音乐、艺术和表演等具有创造性、变化性的工作；重视作品的原创性和创意	有创意的想法，自我表达，自由，美	创造力；对情感的表现能力；以非传统的方式来表现自己；思想自由、开放	作家、编辑、音乐家、摄影师、厨师、漫画家、导演、室内装潢设计师
社会型 S	喜欢与人合作，热情关心他人的幸福；愿意帮助别人成长或为他人解决困难、提供服务	服务社会与他人，公正，理解，平等，理想	人际交往能力，教导、医治、帮助他人等方面的技能；对他人表现出精神上的关爱，愿意担负社会责任	教师、社会工作者、牧师、心理咨询师、护士
企业型 E	喜欢领导和支配别人，通过领导、劝说他人或推销自己的观念、产品而达到个人或组织的目标；希望成就一番事业	经济和社会地位上的成功，忠诚，冒险精神，责任	说服他人或支配他人的能力；敢于承担风险；以目标为导向	律师、政治运动领袖、营销者、市场部经理、电视制片人、保险代理
传统型 C	喜欢固定的、有秩序的工作或活动，希望确切地知道工作的要求和标准；愿意在一个大的机构中处于从属地位，对文字、数据和事物进行细致有序的系统处理以达到特定的标准	准确、有条理、节俭、盈利	文书技巧；组织能力，听取并遵从指示的能力；能够按时完成工作并达到严格的标准；有组织、有计划	文字编辑、会计师、银行家、簿记员、办事员、税务员和计算机操作员

（2）工作环境也有 6 种类型，其名称、性质与人格类型的分类一致。

（3）人与职业环境的类型匹配是形成职业满意度、成就感的基础。人们都尽量寻找那些能突出自己特长、体现自己价值和能令自己愉快的职业，所以一个人的行为表现是职业环境类型和人格类型相互作用的结果。

霍兰德以一个六边形形象地阐述了 6 种类型之间的关系（见图 1-1），从中我们可以看出，每一种类型与其他类型之间存在不同程度的关系，大体可描述为 3 类：

（1）相邻关系，如 RI，IR，IA，AI，AS，SA，SE，ES，EC，CE，RC 和 CR。属于这种关系的两种类型的个体之间共同点较多，如实用型 R、研究型 I 的人就都不太偏好人际交往，这两种职业环境中也都较少与人接触。

（2）相隔关系，如 RA，RE，IC，IS，AR，AE，SI，SC，EA，ER，CI 和 CS，属于这种关系的两种类型的个体之间共同点较相邻关系少。

（3）相对关系，如 RS、IE、AC，SR，EI 和 CA，属于这种关系的两种类型的个体在六边形上处于对角位置，其共同点少。一个人同时对处于相对关系的两种兴趣都很浓的情况较为少见。

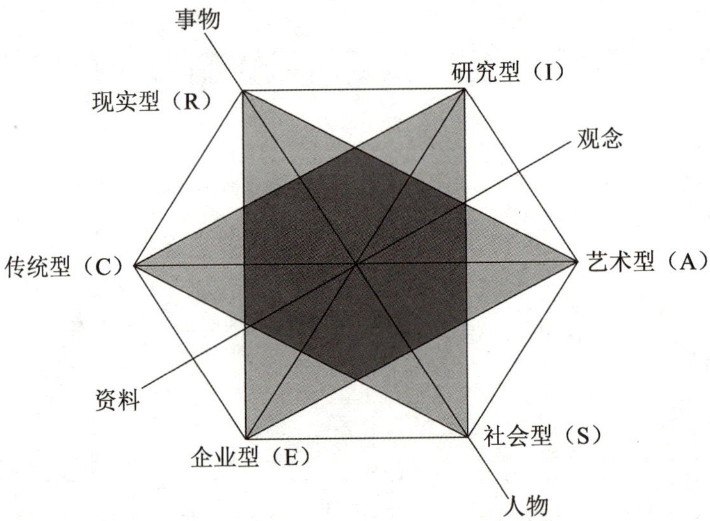

图 1-1　霍兰德六角模型

霍兰德的这一理论对职业指导过程的分析、解释和诊断产生了重大影响，被广泛用于心理测验工具的编制和应用，并激发了众多对该理论的研究工作与报告的产生。

案例精选

职业兴趣的妙用

某年三月，查理所在的公司召开部门经理会议，再次讨论困扰公司已久的顾客对一线员工的投诉问题。总经理要求人力资源部门也介入调查，并在一个月内找出答案——是员工的素质问题、领导方法问题，还是管理制度的问题？

这个让各部门经理们束手无策的问题，对刚上任不到3个月的查理来说，确实是一个不小的挑战。查理经过初步调查，有一个奇怪的发现：在公司销售部、售后服务部、咨询部共300多名一线员工中，大部分得到上级主管好评的，其顾客评分都较低；相反，大部分顾客评分较高的，其上级主管评分都较低。

查理的公司实行的是主管考评的绩效管理制度，但对直接服务顾客的一线员工，公司也会同时进行顾客满意度的跟踪调查：针对每个员工，公司每个月会联系 25 位顾客，请他们就所接受服务的质量打分，调查持续 12 个月，每个员工会得到 300 位顾客的评分。通过认真分析这些数据，人力资源部门发现，上级主管考评与顾客评分之间实际上并无明显联系。

正当查理感到茫然无措时，通过人力资源管理咨询公司，他接触到了“职业兴趣类型理论”。这是由美国著名职业指导专家霍兰德提出的理论，其主要观点是每个人的性格和天赋决定了其职业兴趣。劳动者找到了适宜的职业，其才能与积极性才能得以发挥。

以往，该理论主要应用于求职，人们在选择工作时，经常通过职业兴趣测试来帮助了解自己适合做什么类型的工作。查理尝试着把这种理论应用到绩效管理中。在咨询公司的帮助下，他采用职业兴趣测试工具（直觉测试）和性格测试工具对每个员工进行了测试，再一对一面谈，以掌握每个人的霍兰德代码和性格特点。

调查结果显示，得到顾客较高评分的121位员工中，社会型的员工占46%，企业型的员工占39%，传统型的员工占15%；而得到上级主管较高评分的130位员工中，社会型的员工占13%，企业型的员工占29%，传统型的员工占58%。

这个结果说明，社会型的员工和企业型的员工容易受到顾客的好评，而事务型的员工则容易受到上级主管的好评。按照霍兰德的职业兴趣类型理论，不难理解：社会型的人有自己的主见和特长，喜欢从事为他人服务的工作；企业型的人善交际、口才好，能影响他人；而传统型的人尊重权威、习惯接受他人指挥和领导、工作踏实、忠诚可靠，当然深受上级主管喜欢。

同时，查理还发现另一个有趣的现象：这 300 多名员工分别是由两个经理招聘录用的。李经理挑选的员工中，研究型占 59%、事务型占 22%、传统型占 19%；张经理挑选的员工中，社会型占 63%、传统型占 17%、研究型占 20%。而李经理本人是研究型的，张经理本人是社会型的。很明显，负责招聘的主管人员倾向于聘用与自己同类型的人。

查理这回胸有成竹了，他提出了建议调整招聘制度和绩效管理制度的报告：

（1）摈弃主管考评制度，代之以比较客观的业绩评估，即顾客满意度评分的绩效管理制度。

（2）把社会型或企业型的职业兴趣类型作为招聘一线服务岗位员工的标准。

（3）将招聘程序改为：首先通过人力资源中心测试，挑选出社会型或企业型的候选人，然后人力资源部将这些候选人推荐给部门经理，最后由部门经理确定最终的人选。

进行以上改革半年后，该公司社会型和企业型的一线员工比例增长了 26%，平均顾客评分大大提高。

三、施恩的职业锚理论

职业锚的概念是由美国麻省理工学院斯隆商学院、美国著名的职业指导专家埃德加·施恩教授提出来的，他认为职业规划实际上是一个持续不断的过程。在这一过程中，每个人都在根据自身的天赋、能力、动机、态度、需要和价值观等慢慢形成较为清晰的与职业有关的自我概念。随着一个人对自身越来越了解，他就会越来越明显地形成一个占主要地位的职业锚。施恩教授指出，一个人要想对职业锚提前进行预测是很困难的，这是因为一个人的职业锚是在不断变化的，它实际上是一个在不断探索过程所产生的动态结果。

施恩教授研究认为，不同的职业锚对职业具有不同的选择，即形成职业生涯的 8 种方向（见表 1-2）。

表 1-2 职业生涯的 8 种方向

职业锚类型	职业价值观
技术/职能型职业锚	这类人追求在技术/职能领域的成长和技能的不断提高，以及应用这种技术/职能的机会。他们对自己的认可来自他们的专业水平，他们喜欢面对来自专业领域的挑战，他们一般不喜欢从事一般的管理工作，因为这将意味着他们放弃在技术/职能领域的成就
管理能力型职业锚	这类人愿意担负管理责任，且责任越大越好。这些人具备三种能力：一是分析能力，即在信息不充分或情况不确定时，判断、分析、解决问题的能力；二是人际能力，即影响、监督、领导、应对与控制各级人员的能力；三是情绪控制力，即在面对危急事件时，不沮丧、不气馁，并且能够承担沉重的责任，而不被其压垮的能力
创造型职业锚	这类人希望通过自己的能力去创建属于自己的公司或创建完全属于自己的产品（或服务），而且愿意去冒风险，并克服面临的障碍
自主/独立型职业锚	这类人希望能随心所欲地安排自己的工作方式、工作习惯和生活方式，希望追求能施展个人能力的工作环境，最大限度地摆脱组织的限制和制约。他们宁愿放弃提升或更好的工作机会，也不愿意放弃自由与独立
安全/稳定型职业锚	职业稳定和安全是这一类人的追求、驱动力和价值观
服务型职业锚	这类人追求的核心价值是追寻帮助他人的机会，改善人们的生活，通过新的产品解决问题
挑战型职业锚	这类人会选择新奇、多变和困难程度高的工作或职业，他们以战胜各种不可能的事情作为其终极目标。他们喜欢战胜强硬的对手，解决看上去无法解决的问题，克服无法克服的困难障碍等
生活型职业锚	这类人希望将工作和生活整合为一个整体，喜欢允许他们平衡并结合个人、家庭和职业需要的工作环境。因此，他们需要一个能够提供足够的弹性让他们实现这一目标的职业环境，甚至不惜牺牲职业的一些方面

经过近 30 年的发展，职业锚已成为许多个体职业生涯规划的必选工具和公司人力资源管理的重要工具。职业锚强调个人能力、动机和价值观的相互作用与整合。个人在进行职业生涯规划和定位时，可以运用职业锚考虑自身的能力，确定自己的发展方向，审视自己的价值观是否与当前的工作相匹配。只有人职匹配，才能在工作中发挥自己的长处，实现自身价值。对于企业来讲，可以通过员工在不同的工作岗位之间的轮换表现来了解员工的职业兴趣爱好、技能和价值观，将他们放到最合适的职业岗位，从而实现企业和个人发展的双赢。

想一想

为了更好地明确自己的职业定位，可以尝试这个方法，首先拿出一张纸，仔细思考以下问题，并将要点记录在纸上：

（1）你在中学、大学时，主要在哪些知识的学习上投入了巨大的精力？你的课余时间，主要用于学习哪些知识？

（2）如果一份稳定的工作和创业都可以带给你100万的年薪，你会选择哪个？

回答清楚以上问题可以帮你了解自己的职业锚。

四、明尼苏达工作适应论

明尼苏达工作适应论是由美国心理学家罗圭斯特和戴维斯提出的，是一种强调人境符合的心理学理论。该理论认为，当工作环境能满足个人的需求（即内在满意），且个人也能满足工作的要求（即外在满意）时，个人与环境之间的关系就会比较协调，个人的工作满意度会比较高，个人在该工作领域才能够得到持久发展。其中，“内在满意”主要通过衡量职业期待与企业文化及奖惩制度之间的适配性来评估；“外在满意”主要通过衡量个人职业技能与工作的技能要求之间的匹配程度来评估。

明尼苏达工作适应论如同天平，追求平衡、匹配和适应。在工作环境中，天平的一端是个人的能力和个人对工作的需求，天平的另一端是工作对个人能力的要求，以及工作所能够给予个人的物质和精神需求。个人想要有稳定的发展，就必须达到两者的平衡。

根据明尼苏达工作适应论，个人与工作环境存在互动的关系。在实际的工作中，个人需求和工作要求都会随着时间而不断调整和变化。如果个人能积极地维持与工作环境之间的协调统一的关系，个人将会在这个工作环境中继续发展。反之，如果个人和工作环境之间不能维持这种平衡关系，则个人最终会离开这个工作环境。

五、舒伯生涯发展理论

美国著名的生涯研究专家舒伯提出了人一生的完整的生涯发展阶段模式。他从人的终生发展角度出发，把整个人生分为成长、探索、建立、维持和衰退5个阶段。如表1-3所示。

表1-3　生涯发展阶段

阶段	主要任务
成长阶段（0～14岁）	认同并建立起自我概念，该阶段对职业的好奇占主导地位，并逐步有意识地培养职业能力
探索阶段（15～24岁）	主要通过学校学习进行自我考察、角色鉴定和职业探索，完成择业和初步就业
建立阶段（25～44岁）	选择一个合适的工作领域谋求发展，这是绝大多数人职业生涯周期中的核心部分

（续表）

阶段	主要任务
维持阶段（45～64 岁）	开发新的技能，维护已经获得的成就和社会地位，维持家庭和工作的和谐
衰退阶段（65 岁及以上）	逐步退出职业和结束职业，开发社会角色，减少权利和责任，适应退休后的生活

生涯发展的每一阶段都有一些特定的发展任务需要完成，每一阶段都需达到一定的发展水准或成就水准，并且前一阶段的发展任务达成与否，关系到后一阶段的发展。

根据舒伯的看法，一个人一生中扮演的诸多角色就像彩虹一样具有许多色带。为了综合阐述生涯发展阶段与角色彼此间的相互影响，舒伯提出“生涯彩虹图理论”，引入生命广度、生命空间的概念，展示了不同发展阶段各种角色的相互作用、不同生涯发展阶段角色的继承与更替。

舒伯认为在个人发展历程中，人随年龄的增长而扮演不同的角色。在生涯彩虹图中，纵向层面由一组职位和角色所组成，分成子女、学生、休闲者、公民、工作者、持家者 6 种不同的角色，他们交相影响交织出个人独特的生涯类型。生涯彩虹图的最外圈为生命阶段与年龄，内圈阴影部分代表不同角色，它们的范围、长短不一，表示在不同年龄阶段各种角色所占分量不同；在同一年龄阶段一个人可能同时扮演数种角色，因此内圈阴影部分彼此会有所重叠，但其所占比例分量则有所不同。

以某人的生涯彩虹图为例，如图 1-2 所示。

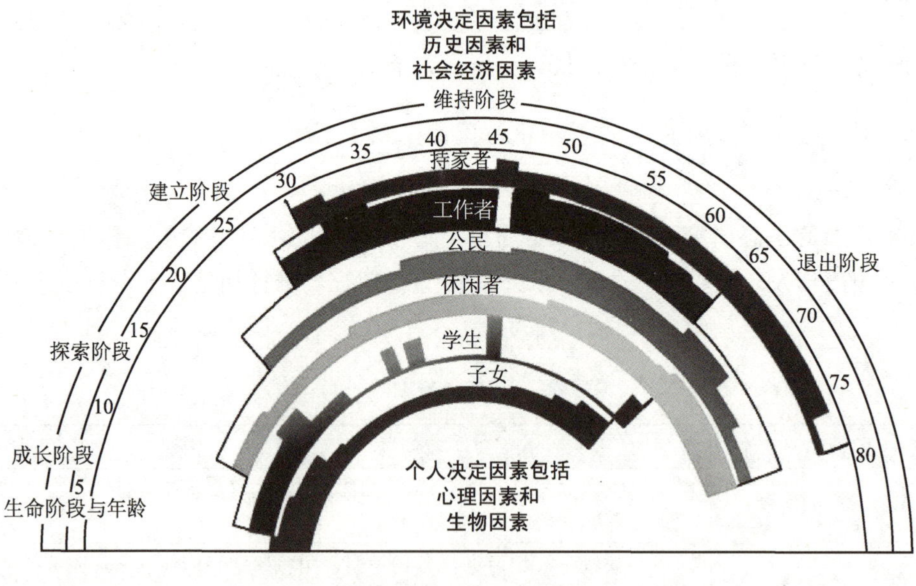

图 1-2　生涯彩虹图

（1）生涯彩虹图最里层的子女角色是一直存在的，一个人在 5 岁以前，其生涯彩虹图是基本涂满颜色的，之后逐渐减少，10 岁时大幅减少，到 50 岁时开始增加。这表明个人早期作为子女享受父母的照顾，慢慢与父母平起平坐，父母年迈之际，则要开始照顾、赡养父母，直至父母去世，子女的角色也随之消失。

（2）生涯彩虹图从里往外数的第二层是学生角色，学生角色从四五岁开始，10 岁以后进一步增强，20 岁之后大幅减少，25 岁以后便戛然而止，30 岁至 50 岁期间出现几次恢复，65 岁以后还有出现。这表明，学习是相伴一生的，如果感觉自己已不能胜任工作，那么重新“充电”是必需的，且有助于开创生涯发展新局面。

（3）生涯彩虹图第三层是休闲者角色，这一角色从 5 岁之后一直是平稳发展的，直到 55 岁之后显著增加。这表明，休闲是贯穿人一生的，是平衡工作的重要砝码。工作讲究劳逸结合，生涯发展也不能少了休闲。

（4）生涯彩虹图第四层是公民角色，这一角色从 20 岁开始，35 岁后得到加强。这个角色主要表现为承担社会责任、关心国家事务。

（5）生涯彩虹图第五层是工作者角色，这一角色大概从 25 岁开始，30 岁之后得到加强。例图中的这一角色到 45 岁后，工作角色进入短暂的空白期，对比发现，此时学生角色和持家者角色得到增强，表明这张生涯彩虹图的主人在该阶段进行了一段时间的脱产学习，更多地关注家庭及自身的转型。两三年之后，学生角色和持家者角色恢复平均水平，工作者角色重新成为生活的重心，直到 60 岁之后开始减弱，65 岁时终止工作者角色。

（6）生涯彩虹图第六层是持家者角色，这一角色大概从 30 岁开始。这张生涯彩虹图的主人一开始便对持家者角色投入了相当多的精力，之后维持在一个适当的水平，65 岁退休之后又加强了这一角色，75 岁之后这一角色大幅减少，表明其所负担的家庭责任大幅减轻。

拓展阅读

参考孔子论述的人生阶段划分

《论语·为政篇》中记载了中国古代大思想家和教育家孔子的观点：“吾十有五而志于学，三十而立，四十而不惑，五十而知天命，六十而耳顺，七十而从心所欲不逾矩。”根据孔子的论述，可以将人生阶段进行以下划分。

第一阶段：从学前期，即从出生到 15 岁。这一时期人的心智和智力迅速发展，已开始学习生活中的基本知识。这一时期的学习主要是靠家长的安排或受外界环境的影响。

第二阶段：立志学习和开始社会实践时期，即 15～30 岁。与从学前期相比，这一阶段的学习更为主动、积极，并且与个人志向相结合，是有目的的学习和实践阶段。

第三阶段：自立时期，即 30～40 岁。这一时期人的心智已完全成熟，懂得了很多道理，并且在经济上和人格上实现了独立。

第四阶段：不惑时期，即 40～50 岁。经过多年的学习与实践，这一时期人们已形成完整的个人见解，不易被外界事物所迷惑，办事不再犹豫，行为较为果断。

第五阶段：知天命时期，即 50～60 岁。丰富的人生经验让人认识自然规律，懂得自己的人生使命。

第六阶段：耳顺时期，即 60～70 岁。耳顺是指个人的修养极高，没有不顺耳之事，这里指能够冷静地倾听别人的意见，能分真伪，辨是非。

第七阶段：从心所欲不逾矩时期，即 70 岁以上。从心所欲并非为所欲为，更不是为非作歹。处于这个阶段的人们大部分已经能够做到言行自由，同时并不违背客观规律和道德规范。

六、后现代生涯理论

后现代主义是自 20 世纪 60 年代起，在西方出现的具有反西方近现代体系哲学倾向的思潮。后现代与现代是相对而言的。“现代主义”思维崇尚用理性、客观的标准来衡量和解决问题，认为结果由外因引起，是可预测的。而“后现代主义”思维则对“现代主义”进行了批判，强调人应该从多元视角出发认识世界、解决问题，随着时空的变化和人自身的改变，其结果也是不同的，并且认为结果由内因引起，是不可预测的。

后现代生涯理论是在 20 世纪末西方后现代主义的世界观和方法论涉入生涯领域后，为生涯理论带来的新观点和新变化。在这些观点影响下的生涯理论和研究主要有生涯混沌理论、无边界职业生涯理论、生涯建构理论和叙事生涯咨询等。

（一）生涯混沌理论

混沌理论揭示了复杂系统是如何发展变化的，以及这种变化的非线性特征。2003 年，澳大利亚教授普雷尔和布莱特将混沌理论引入了生涯领域，认为生涯发展符合混沌现象的基本特征。

生涯混沌理论承认人类的局限性，认为不可预测性和不确定性是生涯发展的本质特征。其观点包括：

（1）生涯是一个复杂开放的动态系统。个体生涯心理在静态结构上，是一个像空间一样的“分形”结构，是复杂的、不规则的。

（2）生涯是一个非线性动态变化的过程。每个人的生涯发展都是在一定的环境和内部动力的推动下，经过一系列的选择而发生的。因此，动态变化性是人类生涯心理的本质特征之一，其过程并非经典生涯心理学理论所揭示的那种线性的、确定的和可准确预测的过程，而是非线性的、不确定的和难以预测的。个体生涯起始状态的微小差异可能导致巨大的变化，看似无足轻重的事件往往会对当事人的生涯发展产生难以预估的影响。

（3）生涯是稳定与不稳定的统一。生涯没有终极稳态，变化随时可能产生。

（4）生涯发展具有主动适应的特征，每个人在一定程度上都可以按自己的剧本塑造自身的生涯历程。人们能不断更新自己的生涯，在自己所处的环境内外自由移动，在各种角色间自由变换。无论个体是否接受生涯辅导或是否参与生涯教育，他们都有自己的生涯。

（5）提升"生涯灵性"才能以不变应万变。生涯灵性指个体在适应复杂性的生涯历程时需要具备的积极的心理特质，是一种更通用和更超越的适应力。

（二）无边界职业生涯理论

无边界职业生涯的概念最早出现于20世纪90年代，由亚瑟在1994年首次提出，是指"超越单个就业环境边界的一系列的就业机会"。所谓"无边界"，就是指组织边界的可穿越性和可流动性，使人的职业生涯不再是"绑定"或受组织约束的状态。无边界职业生涯理论强调以就业能力的提升替代长期雇佣保证，使员工能够跨越不同组织，实现持续就业。

无边界职业生涯理论是一种多角度的概念，涉及实体和心理、主观和客观等多种分析层面。流动性是无边界职业生涯理论的核心特征，那些拥有更强能力的个体，就可以获得更多的机会。

（三）生涯建构理论

建构理论是美国心理学家乔治·凯利在1955年提出的人格理论。他认为人对客观存在的认识及个人的经验、思想观念，是影响人格形成、发展的主要原因。建构是人用来解释世界的方式。之后，皮威和萨维柯斯对凯利的理念进行了研究，进而提出了生涯建构，认为"生涯不是自我展现出来的，而是被建构出来的"。他们认为，建构是一种行动，不同的生涯阶段有不同的生涯任务，这些任务促使个体主动去完成它们，从而建构个人生涯。

生涯建构理论的一个重要概念是生涯适应力。萨维柯斯认为，生涯适应力是"个体对于可预测的生涯任务、所参与的生涯角色、与面对生涯改变或生涯情境中不可预测之生涯问题的准备程度"。生涯适应力是个体与环境交互作用的结果，是一种可以培养，并能帮助个体前进的能力，包括生涯关注、生涯控制、生涯好奇和生涯自信4个维度。个体生涯适应力的发展贯穿于这4个维度，最终形成与生涯规划、决策和调整有关的独特态度、信念和能力。

生涯建构理论在后现代生涯理论中影响最大，研究者最多，实践运用最广，并因此衍生出不同取向的后现代生涯咨询和辅导流派，为生涯教育、辅导咨询提供了理论基础和具体方法。

（四）叙事生涯咨询

生涯咨询起源于19世纪后半期美国的职业指导，是社会变革和发展的产物。叙事生涯咨询是生涯咨询领域的一个流派，以叙事作为主要的方式，帮助个人解决生涯相关的问题。叙事生涯咨询主要包括以下几个方面的内容：

（1）现实所持的态度。强调对“现实”这一概念的理解。现实是由社会建构出来的，是信仰、法律、社会习俗、衣食习惯等所交织成的心理现实，是长时间的社会互动形成的。现实还是由语言构成的，由语言组织成故事，并得以维持，贯穿于每个人的生命中。

（2）叙事与个人生命故事的关系。个人在叙述故事时，会有偏好地选择某些故事作为生命故事的题材，并对这些故事进行时间和空间的组织。个人对生命所做的叙事不仅反映了个人生命中的体验与经历，还会使个体继续按照所叙述的故事进行生命的发展。

（3）问题产生及咨询目标。人之所以会产生困扰，是因为受主流故事的压迫，而忽略了其他题材的可选择性和多样性。叙事生涯咨询的目标就是帮助个体重新述说生命故事，发现边缘性的故事，从而发掘个体的潜能，形成新的主线故事。

探索活动

探索活动一　我的平衡轮

小调查

你对自己未来的职业发展是否有规划设计？

A．有明确规划设计　　B．有规划设计　　C．没有规划设计

要求

画一个圆，并将其 8 等分。列出你生活中最重视的 8 个方面：健康、家庭、事业、爱情、朋友、财富、个人成长和休闲，填入等分的圆中。

思考

（1）它们的优先顺序是怎样的？

（2）什么对我是最重要的？

（3）每一方面的满意度是多少？（如果 10 分是满分，我给每一方面打几分）在图中用阴影标识出各方面的分数。

（4）你对目前的状况满意吗？如果选一个你最想改变的地方，那是什么？

（5）假如你对不满意的状况进行打分，从 1 到 10，会是几分？假如不满意的状况得到了改善，你希望提升几分？那时，你的生活会有什么不同？现在你会选择哪些方法去改善？请尽可能多地列出来。

（6）所列方法中，哪一个是你可以马上付诸行动的？当你做到了，谁会为你的改变而高兴？那时的你会对自己说些什么？

探索活动二　思考“我的人生长路”

材料

人生的进程实在很奇妙，孩童时我们常说“如果我长大了，要……”；到了少年期我们常说“如果我会赚钱的话，要……”；长大成人之后，我们会说“我结婚以后，会……”；结婚后呢？我们又说“等我退休了，要……”。终于退休了，当回顾过往时，只觉得一片朦朦胧胧，像冷风吹过，如轻烟迷漫一般，根本没有实现当年的愿望。待到终于了悟人生，我们已垂之老矣，心有余而力不足了。

问题

一年后，我会______________________________

五年后，我会______________________________

十年后，我会______________________________

三十年后，我会____________________________

退休后，我会______________________________

临终时，当我回首往事，我会____________________

课外实践

课外实践一　制订个人“大学学业规划”

根据自己的实际情况填写表 1-4，制订自己本学期的学业发展规划，并进行总结分析。

表 1-4　发展规划表

<table>
<tr><th colspan="3">第 1 学期</th><th>规划内容</th><th>完成情况</th><th>总结分析</th><th>后续规划修正</th></tr>
<tr><td rowspan="4">专业知识和技能发展规划</td><td>课程成绩计划</td><td>设定必修课、限选课、任选课等课程的目标成绩
设定英语、计算机等课程的等级考试的目标成绩</td><td></td><td></td><td></td><td></td></tr>
<tr><td>奖学金计划</td><td>制订各类奖学金计划</td><td></td><td></td><td></td><td></td></tr>
<tr><td>专业素质拓展计划</td><td>规划与专业相关的知识发展
规划与专业相关的素质发展
规划与专业相关的技能发展</td><td></td><td></td><td></td><td></td></tr>
<tr><td>其他方面发展计划</td><td>如参加社团、参加生涯赛事、参加专业竞赛等</td><td></td><td></td><td></td><td></td></tr>
</table>

（续表）

第1学期			规划内容	完成情况	总结分析	后续规划修正
个人特长及素质发展规划	文娱特长发展计划	制订音乐、舞蹈、曲艺、美术、设计等方面的学习计划				
	体育特长发展计划	制订体育运动和比赛等方面的计划				
	计算机特长发展计划	制订计算机软硬件的学习、应用等方面的计划				
	思想政治素质发展计划	如积极参加学校组织的“五青”（由青蓝讲坛、青风学堂、青雨润堂、青烛讲堂、青影艺堂”构成的“五青”思想政治工作体系）讲座及活动				
	心理健康发展计划	如积极参加心理咨询活动				
	其他方面发展计划	如参加演讲比赛、辩论比赛等				
兴趣爱好发展规划	读书计划	制订本学期的阅读书单，完成至少10本书的阅读				
	其他计划	其他				
综合素质拓展规划	技能认证考试计划	如考取与所学专业相关或跨专业的某个技能认证证书				
	组织能力发展计划	如担任学生干部参与班级管理、组织大型活动				
	社会活动计划	如参与青年志愿者服务、社会实践、爱心奉献、专业实习等活动				

课外实践二　课外阅读

一、《远见》

作者：（美国）布赖恩·费瑟斯通豪

译者：苏健

出版社：湛庐文化/北京联合出版公司

出版时间：2018年

推荐理由：什么是成功的职业生涯？成功的职业生涯不在于找到热爱的工作，而在于建立起你热爱的生活。我们期盼梦想，但惧怕现实。世界每天都在发生新的变化，我们需要学习更多找工作的方法，并用新的方法建立可持续的职业生涯。奥美互动全球首席执行官布赖恩·费瑟斯通豪在本书中，向我们展示了职业生涯中三个截然不同但相互关联的阶段，教会我们如何不断储备职场燃料以创造长期的成功。本书提供了实用的练习、工具和案例，带我们重新思考和评估自己的技能、时间和职场投资方向。本书封面如图 1-3 所示。

图 1-3　《远见》封面

二、《远山在呼唤》

作者：（日本）植村直己

译者：田秀娟

出版社：南海出版公司

出版时间：2014 年

推荐理由：作者植村直己（1941 年 2 月 12 日—1984 年 2 月 13 日左右）是著名登山家、探险家，是登顶五大洲最高峰的世界第一人（除珠峰外均为独自一人登顶），也是首位独自到达北极点、独自漂流亚马孙河的探险家，曾获国际体育运动最勇敢者称号、日本国民荣誉奖、菊池宽奖。这本书带有自传性质，描写的是作者的探险经历。植村直己少年时不愿帮家里人干活、在学校里调皮捣蛋，进入大学以后，他爱上了美丽的山峦，继而憧憬登上世界各地的山峰。怀揣 110 美元，他勇敢地踏上梦想的登山之旅。在法国小镇沙莫尼，他差点坠入勃朗峰下的隐形冰隙；在喜马拉雅山海拔 7 400 米的冰隙中，他挨过命悬一线的一夜；在肯尼亚山的丛林里，他遭遇猎豹的威胁；在冷彻骨髓的冬季大若拉斯山岩壁上，他悬挂六天之久……。经历了许多濒死绝境后，植村直己最终完成了登顶五大洲最高峰的壮举。凭着“只要有信念，就能做到一切”的信心，植村直己始终为心中的跃动而攀登，不断挑战人类的可能性。本书封面如图 1-4 所示。

三、《斯坦福大学人生设计课》

作者：（美国）比尔·博内特、戴夫·伊万斯

译者：周芳芳

出版社：中信出版集团

出版时间：2017 年

推荐理由：如何才能找到一份自己喜欢的，甚至是热爱的工作？如何才能创立一番伟大的事业，过上理想的生活？如何才能平衡好生活与工作之间的关系？如何才能实现自己的人生价值？以上问题都可以在这本《斯坦福大学人生设计课》中找到答案。这不是一本“鸡汤”书，而是一本实操性的职业生涯指南，它可以帮助读者跳出惯性思维，厘清思路、快速试错，为自己制订更睿智的未来计划。

斯坦福大学人生实验室的创始人比尔·博内特和戴夫·伊万斯不仅是硅谷的创新者，还是知名的人生设计师。他们开设的人生设计课是斯坦福大学近几年极受欢迎的课程，帮助很多人改变了他们的生活。比尔·博内特和戴夫·伊万斯认为，人生并不存在完美的规划，我们作为人生的设计师，不仅要“思考”未来，更要主动去创造未来。每个人都需要利用设计思维，找到自己的生活目标，集中精力为自己创造更多的可能性，这样才有可能改变命运。本书封面如图 1-5 所示。

图 1-4 《远山在呼唤》封面

图 1-5 《斯坦福大学人生设计课》封面

模块二

自我认知

学习目标

- 了解自我认知的概念和主要维度
- 掌握兴趣、性格、能力和价值观的自我探索方法
- 掌握培养职业兴趣、提升能力与技能的方法
- 掌握提升自我效能感的方法

引导案例

我的人生我做主

黄传书，1983 年生于山东潍坊昌邑县北战镇的一个小村庄，1998 年考入德州经济学校（现德州职业技术学院），攻读工电专业，后自学法律专科，于 2001 年获得山东大学法律专科毕业证书，并于同年通过司法考试获得律师资格证书。2001 年 9 月，他开始在山东大学旁听法律和日语，2003 年完成法律本科自学考试全部课程。2005 年，他又考上山东大学法学院公费研究生，主攻民商法，并在 2008 年加盟北京某知名律师事务所，从事公司上市、并购与融资等业务，同时他还打算积极拓展私募投资或风险投资业务。

从一名工电专业的中专生到知名律师事务所的专业人才，黄传书实现了多个常人难以置信的跨越：中专生到研究生的跨越、工科到法学专业的跨越、蓝领到金领的跨越……

有人问黄传书成功的秘诀在哪里，他回答了七个字：我的人生我做主。

中专生活开始后不久，黄传书看到他的政治老师拿着律考书，不由想起自己父亲不懂法律经商被骗的事情，于是问老师自己能否考律师，老师说可以，他又问怎样才能考，得到的答案是取得本科文凭并通过司法考试。从此，一个明确的目标开始在他的头脑中生根：考律师。

他先报了一门自考课程——马克思主义哲学，结果顺利通过。之后，在老师的指导下，他一次报了三门，又一次全部通过。于是他果断地终止了对工电课程的学习，全身心地致力于对自己人生目标的追求。本科、律考顺利完成后，他重新审视自己的目标，感到自己与社会的要求依然存在不小的差距。于是，他又做出了一个出人意料的决定：继续充电。

到山东大学旁听，接触的是来自全国各地的“天之骄子”和来自世界各地的青年精英。在歧视、蔑视的目光中，他顽强地成长并最终在高手云集的研究生考试中战胜曾经把他这个旁听生看作丑小鸭的“天之骄子”们，成为 2005 年山东大学法学院民商法专业的三个公费研究生之一。

在读研期间，他仍然没有放纵自我、随波逐流，而是在强化日常学习的同时仔细分析民商法专业今后的就业前景。他给自己确定了新的目标：从事律师非诉讼业务中的资本与证券运作。为达到这一目标他不断努力。研二他去北京实习，为将来的律师生涯做准备；研三，他加盟了北京某知名的律师事务所，从事公司上市、并购、融资等业务。

他的职业生涯理念：明确目标，制订计划，付诸行动，及时检查，定期调整。

他的人生准则：日有所得，心中有数，持之以恒，学友互助。

他的座右铭：贵有恒，何必三更起五更眠，最无益，只怕一日曝十日寒。

他的人生信念：有志者，事竟成。

黄传书，一个普通青年，用自己的职业生涯规划演绎了人生宣言：我的人生我做主。

资料来源：腾讯文学，http://dushu.qq.com/read.html?bid=643315&cid=1

知识链接

知识链接一 自我认知概述

一、自我认知与择业

（一）自我认知的概念

所谓自我认知，是指认知主体的我对客体的我进行感觉和观察，从而形成一定的自我概念，并形成自我评价。自我认知包括对生理自我的认知（如性别、身高、外貌等），对心理自我的认知（如兴趣、气质、性格及能力等），以及对社会的我的认知（如自己的社会角色、自己的人际关系、自己在群体中的地位），以此形成“我是什么样的人”的概念。

正确地认识自我

认识自我，合理定位，是大学生选择适合自己的职业、成功实现自我的重要前提。

（二）自我认知对择业的影响

1. 对择业目标的影响

1）能了解自己想做什么

具体地说，确定择业目标就是深入思考自己到底需要什么，什么对自己最重要，自己的成就观是什么，如何才能使自己快乐等问题。大学生有了清晰的自我认知，就能够将个人的兴趣、理想和对成功的理解同自己的职业目标、职业方向联系起来，才不会因为别的标准或实惠的利益而抹杀自己的兴趣，随随便便迁就一份工作，最终影响职业选择，耽误个人的发展。

2）能了解自己能做什么

大学生在了解自己想做什么后，在确定择业目标前，还要弄清自己的知识、能力、个性和特长等。可以通过对自己的学习成绩、一般能力、专业技能与特殊才能、身体状态、社交情况、心理素质等进行客观、全面的评价，从而获得清晰的自我认知，了解自己能做什么。这有利于确定合适的择业目标，避免目标过高或过低。

在自我认知过程中，过高的评价往往使自己脱离现实，意识不到自身的条件限制，甚至狂妄自大，由自信走向自负；过低的评价往往会使自己忽视自身的长处，缺乏自信，过于自卑。这都不利于确定合适的择业目标。

2．对择业策略的影响

在激烈的人才市场竞争中，恰当、有效的方法和策略是成功的关键。要想找到恰当的方法和策略，就必须对自己和自己应聘的工作有足够的了解，即所谓知己知彼，方能百战不殆。

因此，确立了正确的择业目标后，还要了解自己在各方面的长短优劣，客观地给自己定位，并在求职时采取恰当的方法和策略，扬长避短，这样才能顺利达成自己的就业目标。

3．对择业心态的影响

在择业过程中，大学生容易进入一些心理误区，包括互相攀比，强求平衡；孤芳自赏，虚荣侥幸；缺乏主见，依赖他人；寻求依托，自命不凡等。这些不恰当的心态容易导致心理障碍甚至心理疾病。只有学会自我认知，对自己有正确、客观的了解和评价，才可以避免因自负清高或过度自卑而遭遇失败。只有实事求是地对待自己，才能避免心理冲突，预防心理障碍。

案例精选

琳琳的自我认知

琳琳从小学到大学成绩都很优秀，接近毕业时她手中的各种证书就有十几个。守着这些“硬通货”，她觉得自己一定能轻松地找到一份令人羡慕的工作。她抱着这种想法开始求职，应聘的企业都是大公司，瞄准的职位也都是管理职位。几次面试无果后，她开始怀疑自己的能力。在家人的劝说下，她试着降低了自己的标准，可总觉得那些招聘者还不如自己。琳琳不知道到底什么样的工作最适合自己，她的内心非常矛盾。

琳琳的情况属于过于自傲的自我认知障碍。这类同学自认为自己才气冲天、高人一筹。他们在择业时，往往好高骛远，期望值很高，对用人单位过于挑剔，用人单位也会觉得择业者不够务实，因此这类同学往往很难找到满意的工作。

资料来源：网易新闻中心，http://news.163.com/09/0401/07/55Q39R68000120GR.html

二、自我认知的主要维度

自我认知是进行职业生涯规划的第一步，也是职业选择的根本前提。通常从兴趣、性格、能力和价值观 4 个维度来探索自我的职业倾向。

（一）兴趣维度——喜欢做什么

兴趣是指建立在需要基础上，带有积极情绪色彩的认知和活动倾向，是个人对其周围环境中的人、事、物所产生的喜爱程度，是个人力求认识、掌握某事物，并经常参与该种活动的心理倾向。兴趣是人们活动的重要动力之一，是活动成功的重要条件。当对某事物有兴趣时，个人会对它产生优先的注意力，变得感知敏锐、记忆牢固、思维活跃、情感浓厚、意志坚强。美国芝加哥大学心理学教授米哈里•希斯赞特发现：当人们在专心致志、积极地从事某种活动，并且忘记了时空和自己的时候，他们感到最为愉快和满足。

（二）性格维度——适合做什么

在心理学上，性格是指一个人对现实的态度以及与这种态度相应的行为方式中表现出来的比较稳定的、具有核心意义的个性心理特征，是一种与社会相关最密切的人格特征。性格主要体现在对自己、对别人、对事物和对周围世界的态度和所采取的言行上具有独特性。性格具有复杂的结构，大体包括：① 对现实和自己的态度的特征，如诚实或虚伪、谦逊或骄傲等；② 意志特征，如勇敢或怯懦、果断或优柔寡断等；③ 情绪特征，如热情或冷漠、开朗或抑郁等；④ 情绪的理智特征，如思维敏捷、深刻，逻辑性强或思维迟缓、浅薄，没有逻辑性等。

（三）能力维度——擅长做什么

能力包括感觉力、观察力、记忆力、想象力、思考力、操作力等，它是影响活动效果的基本要素，是顺利完成活动的一种必备的条件。

人的能力表现为两个方面：① 人的实际能力；② 人的潜在能力。能力总是和人的活动联系在一起，是在具体活动中体现出来的。如果一个人的能力符合某项活动的要求，那么就会很容易高水平地完成任务，也就表现出有能力；反之，如果一个人不具备工作所要求的能力，不能很好地完成工作要求，就是能力差的表现。通常，一个人解决问题的速度越快、任务完成的质量越高，那么，这个人的能力就越强。

（四）价值观维度——最看重什么

价值观是指一个人对周围的客观事物（包括人、事、物）的意义、重要性的总评价和总看法。价值观一方面表现为价值取向、价值追求，凝结为一定的价值目标；另一方面表现为价值尺度和准则，成为人们判断事物有无价值及价值大小的评价标准。

人生价值是一种特殊的价值，是人的生活实践对于社会和个人所具有的作用和意义。选择什么样的人生目的，走什么样的人生道路，如何处理生命历程中个人与社会、现实与理想、付出与收获、身与心、生与死等一系列矛盾，人们总是有所取舍、有所好恶，对于赞成什么反对什么、认同什么抵制什么，总会有一定的标准。人生价值就是人们从价值角度考虑人生问题的根据。

在不同时代、不同社会生活环境中形成的价值观是不同的。一个人的价值观是从出生开始，在家庭和社会的影响下，逐步形成的。其所处社会的社会生产方式及其自身的经济地位，对价值观的形成有决定性的影响。当然，报刊、电视和广播等宣传的观点及父母、老师、朋友和公众名人的观点与行为，对一个人的价值观也有不可忽视的影响。

三、自我认知的常用方法

（一）自我觉察法

每个人在现实生活中都有一面镜子，用来看清自己的脸庞及衣着打扮等外在形象。其实，人还需要另外一面“镜子”——觉察个人内心的“内照镜”。在这面镜子中，可以看到完整的自己，看到自己内心真实的想法，呈现所有的情绪、动机、需求、欲望。

孔子说：“吾日三省吾身。”修身养性，实际就是一种自我觉察，即通过对照自己内心的“镜子”，反思自己的行为及其后果，从中总结经验。其实，反思不仅是苦思冥想，设座右铭、写日记等都是一种很好的自我觉察过程。

（二）“乔哈里窗”分析法

“乔哈里窗”又称“自我意识的发现—反馈模型”，“乔哈里窗”分析法又称“橱窗分析法”，它是一种借助直角坐标的不同区域来表示人的不同部分的分析方法，它以别人了解或不了解为纵坐标，以自己了解或不了解为横坐标，如图 2-1 所示，分了 4 个区域。

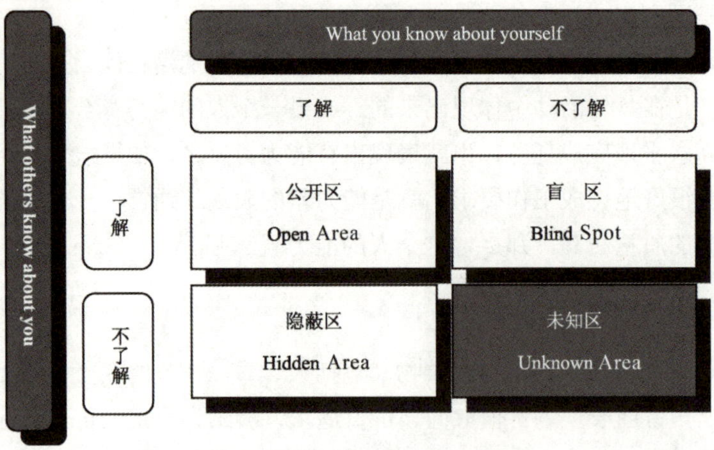

图 2-1 “乔哈里窗”

第一区域：“公开区”或称“公开我”，指自己知道、别人也知道的部分，由个人展现在外，无所隐藏，如姓名、性别、年龄、学历、婚姻状况、身高和发色等。人与人之间交往的目的就是扩大公开区，实现这一目的的主要做法有提高个人信息的曝光率、主动征求反馈意见等。

第二区域：“盲区”或称“背脊我”，指自己不知道、别人却知道的部分。例如，你的处事方式、别人对你的感受等。可以采取同家人、朋友等交流的方式来了解背脊我。交流时要尽量做到开诚布公，对别人提出的意见有则改之，无则加勉。

第三区域：“隐蔽区”或称“隐藏我”，指自己知道、别人不知道的部分。例如，自己的秘密、希望、心愿、好恶，以及自私、嫉妒等平常自己不愿袒露的缺点等。大学生可以采取撰写自传或日记的方式来了解自我，了解自身成长的大致经历和自我计划情况等。

第四区域：“未知区”或称“潜在我”，指自己和别人都不知道的部分。未知区是尚待挖掘的黑洞，它对其他区域有潜在影响，通常别人和自己都不容易发觉。科学家研究发现，每个人都有巨大的潜能，人类平常只发挥了极少部分的大脑功能。如果一个人能发挥一半的大脑功能，那么他将轻易地学会 40 种语言，背会整套百科全书，拿 12 个博士学位。著名心理学家奥托指出，一个人一生所发挥出来的能力，只占他全部能力的 4%，也就是说一个人 96%的能力都未开发。赫赫有名的控制论奠基人维纳说：“可以完全有把握地说，每个人，即使他是做出了辉煌成就的人，在他的一生中利用他自己的大脑潜能还不到百亿分之一。”由此可见，认识、了解“潜在我”，是自我认识的重点之一。大学生可以通过职业测评来发现自己平时注意不到的潜力，也可以在学习和生活中多做尝试来发现自己的潜力。

（三）360 度反馈评估法

苏轼的《题西林壁》中有这样的诗句：“不识庐山真面目，只缘身在此山中。”正如“乔哈里窗”第二区域描述的那样，人总有自己认识不到的盲区，而自己没有认识到的问题有时别人反倒能看得清楚。为了避免自我觉察可能有的片面性，可以采用 360 度反馈评估法来进行自我认知。

360 度反馈评估法又称为多渠道评估法，是指通过收集与自己有密切关系的、来自不同层面人员的评估信息，来全方位地评估自我。通过评估反馈，可以获得来自多层面人员对自己素质、能力等的评估意见，比较全面、客观地了解有关自己的个人特质、优缺点等的信息，作为自己进行职业生涯规划及能力发展的参考。对于大学生来说，可以请自己的老师长辈、父母家人、班级同学、知心好友等对自己进行全面评估，如图 2-2 所示。

什么是 360 度反馈评估

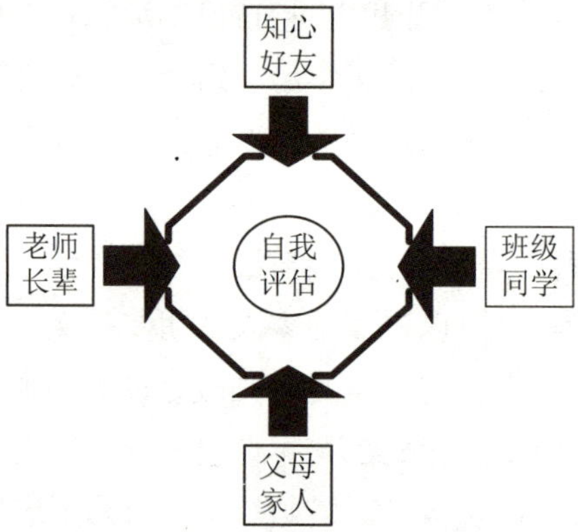

图 2-2　360 度反馈评估法示意图

（四）职业测评法

所谓职业测评法，是指运用现代心理学、测量学、管理学、社会学、统计学、行为科学及计算机技术的综合测评方法。它通过人机测评、结构化面试、情景模拟、评价中心等技术，对个体的知识水平、能力及其倾向、工作技能、内在动机、个性特征和发展潜能进行测量，并根据工作岗位要求及组织特性进行评价，从而实现对人才全面、准确、深入的了解。

运用测评手段进行自我认知是一种力求客观的认知手段，它的特点是能够在较短时间内测出自己某方面特点，并且这一特点是在与群体的比较中得出的。通过测评，大学生能够在短期内获得对自己较为客观的描述和评价。然后通过评估，分析自我的特点，再结合职业的要求，进行职业选择，就是“人职匹配”的过程。

需要注意的是，人是极为复杂的，某一个维度的单项测评并不能全面反映一个人的特质，应将多项测评的应用结合起来。此外，还要将测评法与别的自我认知方法结合起来。

知识链接二　兴趣探索

一、兴趣与职业兴趣

兴趣是成功的前提，一个人对某种职业感兴趣，就会积极热情、富有创造性地完成所从事的工作。兴趣可以激发个体进行创造活动的内部动机，增强克服困难的信心和决心，充分发挥潜能的作用，使个体具有敏锐的感知力、活跃的创造性思维、丰富的想象力，从而促使其事业走向成功。

职业兴趣是指一个人积极探究某种职业或者从事某种职业活动时所表现出来的特殊

心理倾向。它使人给予某种职业特别的关注，并对其产生向往的情感。职业兴趣受兴趣的直接影响。当兴趣直接指向与职业有关的活动时，兴趣就成了职业兴趣。例如，某个学生喜欢给其他同学讲题，他积极地去学习有关教育学方面的知识，并希望自己将来能够成为一名老师。这时，他的兴趣就转变成了对老师这种职业的兴趣。

课堂讨论

有的同学说自己的爱好是打游戏，那么如何区分他所说的打游戏是兴趣还是打发时间呢？

二、兴趣与职业发展

（一）兴趣与职业发展的关系

从兴趣的产生和发展来看，一般要经历有趣、乐趣、志趣三个阶段。有趣，是出于对某一事物的好奇，随着对这一事物的逐渐熟悉和新奇感的消失而消失，是兴趣发展的低级阶段；乐趣是在兴趣定向发展的基础上形成的，是兴趣发展的中级阶段，这一阶段的兴趣变得专一、深入；志趣是兴趣发展的高级阶段，当乐趣同个人的社会责任感、理想、奋斗目标等结合起来时，兴趣就变成了志趣。志趣具有社会性、自觉性和方向性，是取得成就的根本动力，是成功的重要保证。

兴趣与职业发展关系密切，主要表现在以下两个方面：

一方面，兴趣是可以通过职业生涯来培养的。例如，由于擅长做此类工作，或者工作越做越好，得到的主观、客观的回报越来越多，所以产生了兴趣。而在有兴趣的前提下，人们又可以将自己的工作从事得更出色、更持久。

另一方面，职业也可以成为联结一个人兴趣变化的纽带。兴趣分显性兴趣和隐性兴趣，人有时候对某项职业感兴趣，但并没有表现出来，这就是隐性兴趣。隐性兴趣点要转化为一个成熟的显性兴趣，必须有一个职业催化的过程。

（二）兴趣对职业发展的影响

1. 职业生涯选择的重要依据

兴趣是强大的精神力量，可以使人集中精力去获得所喜欢的知识，启迪智慧，使人创造性地开展工作。当一个人对某种职业发生兴趣时，他就能全身心投入，充分发挥积极性；就能主动地感知和关注该职业的知识、动态，并且积极思考，大胆探索；就能情绪高涨、想象丰富；就能增强记忆效果，增强克服困难的意志。

兴趣对职业生涯很重要

2．提高工作效率，充分发挥才能

个人对工作有兴趣时，枯燥的工作也会变得丰富多彩、趣味无穷。因为兴趣可以充分调动人的精力，促进能力的发挥，兴趣和能力的合理结合会大大提高工作效率。曾有研究显示：如果从事自己感兴趣的职业，能发挥个人全部才能的80%～90%，且能长时间保持高效率而不感到疲劳；从事不感兴趣的工作，则只能发挥个人全部才能的20%～30%。

3．保证职业稳定、职场成功的要素

对工作感兴趣，就愿意钻研，就容易做出成就，这正是兴趣的作用所在。兴趣可以为职业生涯选择提供有效的信息。从事自己感兴趣的职业不但能使个人感觉愉悦，而且能够为单位创造更多的价值，并由此保证工作的长期性和稳定性。多方面的兴趣也可以使人善于应付多变的环境。如需变换工作，只要自己感兴趣，就能很快地学会这门工作必备的技能，有助于求职成功。因此，兴趣是职场成功的一个重要因素，它能将人的潜能最大限度地调动起来，使个体长期专注于某一方向，做出艰苦的努力，取得令人瞩目的成绩。

拓展阅读

对职业兴趣的认识误区

明确个人的职业兴趣是职业生涯规划的重要依据之一。大学生在寻找职业兴趣的过程中要避免以下几个错误观念。

一、把简单的喜欢、感兴趣当作是职业兴趣

有些人看了几本小说，就认为自己应当去当作家；有些人喜欢打游戏，就觉得自己应该去做职业电竞选手。当真正接触这些职业时，却发现并不适合。职业兴趣是要与将来的工作相关的，只有想清楚自己要从事什么样的具体工作，并对工作的内容、职责、性质等有所了解，且乐于准备可以达到工作要求的知识技能时，才谈得上是真正的职业兴趣。

二、从事自己感兴趣的工作，就意味着轻松愉快

做自己感兴趣的工作是快乐的，可以激发工作热情，但不一定轻松。实际上，不管任何职业都要付出努力和辛劳才能取得成就、做出成绩。另外，有的时候坚持自己的职业兴趣，还要付出经济报酬和社会地位的代价，毕竟不是所有人都会对待遇高、地位高的职业感兴趣。

三、不是自己感兴趣的工作就不做

能从事自己感兴趣的职业是每个人的理想，但职业选择除了兴趣以外，还要综合考虑性格、能力等问题，这也是理想与现实的差距和矛盾。有调查显示，有超过60%的大学生正在就读自己不喜欢的专业，有50%的职场人正在做着自己不感兴趣的工作。但由于各种原因，大家也只能面对现实。因此，很多人需要在现实中追求自

己的理想，立足于现实，把自己不喜欢的工作做好，并在这个过程中培养兴趣、积累技能，寻找新的机会。

资料来源：百度文库，https://wenku.baidu.com/

三、职业兴趣的培养

虽然职业兴趣一旦形成，便在生涯中具有一定的稳定性，但根据实际需要，还是可以通过多种途径，加上自己的努力去规划、改变、发展和培养职业兴趣，在培养职业兴趣时，可从以下几个方面努力。

（一）培养广泛的兴趣

具有广泛兴趣的人，不仅对自己职业领域的东西有浓厚的兴趣，而且对其他方面也有一定的兴趣。这种人眼界比较开阔，解决问题时也可以从多方面得到启发，在职业生涯规划的选择上有较大的余地。兴趣范围狭窄、涉足面小的人，对新事物的适应性就要差一些，在职业规划上所受的限制也多些。

（二）重视培养间接兴趣

直接兴趣是由于对事物本身感到需要而引起的兴趣，间接兴趣则不是对事物本身的兴趣，而是对于这种事物未来的结果感到需要而产生的兴趣。人在最初接触某种职业时，有时对职业本身缺乏强烈的兴趣，这就必须要从间接兴趣着手培养直接兴趣。可以通过了解职业在社会活动中的意义、对人类活动的贡献等以引起兴趣，也可以通过了解某项职业的发展机会引起兴趣，还可以通过实践逐步提高间接兴趣。

（三）培养中心兴趣

人的兴趣应广泛，但不能浮于表面，还要有一定的集中爱好。既广泛又有重点，才能学有所长，获得更多的知识。如果只具广泛性而无中心职业兴趣，人往往会知识浅薄，没有确定的职业规划方向，这样会使人心猿意马，难以有所成就。所以，个体应着意培养自己在某一方面的职业兴趣，促进自己的发展和成才。

（四）积极参加职业实践

只有通过职业实践，才能对职业本身有深刻的认识和了解，才能更好地激发自己的职业兴趣。大学生可参加的职业实践活动内容十分丰富，包括生产实习、社会调查、参观访问及组织兴趣小组等。每一个人都可以通过参加各种职业实践活动调节和培养兴趣，并根据社会和自我需要，有意识地去培养和发展兴趣，为事业的成功创造条件。

（五）客观评价自己的能力

对某项职业有浓厚的兴趣是成功的前提，但事业要取得成功也必须具备该职业所要求的能力。因此在培养职业兴趣的同时也要客观评价自己的能力，看自己是否适合某种职业，在此基础上形成的职业兴趣才是长久的、可规划利用的。

知识链接三　性格探索

一、性格的类型

性格的类型是指一类人身上所共有的性格特征的独特结合。由于性格结构的复杂性，在心理学的研究中至今还没有大家公认的性格类型划分的原则与标准，以下是几种具有代表性的观点。

（一）以心理机能优势分类

这是英国的培因和法国的李波特提出的分类法。他们根据理智、情绪、意志 3 种心理机能在人的性格中所占优势的不同，将人的性格分为理智型、情绪型和意志型。理智型的人通常以理智来评价周围发生的一切，并以理智支配和控制自己的行动，处世冷静；情绪型的人通常用情绪来评估一切，言谈举止易受情绪左右，这类人最大的特点是不能三思而后行；意志型的人行动目标明确，主动、积极、果敢、坚定，有较强的自制力。除了这三种典型的类型外，人的性格还有一些混合类型，如理智—意志型。在现实生活中，大多数人的性格都属于混合型。

（二）以心理活动的倾向分类

这是瑞士心理学家荣格提出的分类法。荣格根据一个人的心理活动倾向来划分性格类型。一个人的心理活动倾向既可以指向内部世界，也可以指向外部世界。前者属于内倾型，其特点是处世谨慎，深思熟虑，交际面窄，适应环境能力差；后者为外倾型，其特点是活泼开朗，活动能力强，容易适应环境的变化。

（三）以个体独立性程度分类

美国心理学家威特金等人根据场的理论，将人的性格分成场依存型和场独立型。场依存型者倾向于以外在参照物作为信息加工的依据，他们易受环境或附加物的干扰，常不加批判地接受别人的意见，应变能力差；场独立型的人不易受外界意见的干扰，习惯以内在参照（即自己的认识）作为评判事物的标准，他们具有独立判断事物、发现问题、解决问题的能力，而且应变能力强。这两种类型的人是按两种对立的认知方式进行工作的。

（四）以人的社会生活方式分类

德国的心理学家斯普兰格从文化社会学的观点出发，根据人认为哪种生活方式最有价值，把人的性格分为6种类型，即经济型、理论型、审美型、权力型、宗教型和社会型。

经济型性格的人注重实效，追求利润和获得财富。这类人适合的职业有工匠、农民、技师、野生动物专家、报务员、火车司机、机械制图员、电器师、机器修理工、长途汽车司机、秘书、翻译、代销商等。

理论型性格的人善于集中精力，能客观、冷静地观察事物，尊重事物的合理性，追求知识和真理。这类人适合的职业有科学研究员、记账员、银行出纳、成本估算员、核对员、打字员、办公室职员、图书档案管理员、系统员、计算机操作员、法庭速记员等。

审美型性格的人感情丰富，富于想象力和创造性。这类人适合的职业有室内装饰专家、摄影家、作家、音乐教师、演员、记者、作曲家、诗人、编剧、雕刻家、漫画家等。

权力型性格的人支配欲强，喜欢担任领导角色。这类人适合的职业有推销员、商品批发员、辅导员、公司经理、广告宣传员、律师、政治家等。

宗教型性格的人追求超脱现实、跨越自我的意念。这类人适合从事宗教方面的事业，以及传统文化的传播工作等。

社会型性格的人乐于关心他人、为人服务，喜欢社会交往，关心社会问题，对教育活动感兴趣。这类人适合的职业有导游、福利机构工作者、社会学者、咨询人员、学校教师、精神卫生工作者、公共保健护士、医生、警察、消防员、救生员等。

二、性格与职业发展

（一）性格与职业发展的关系

每个人都有着不同的做事方式，即形成每个人不同的做事习惯，这些不同的习惯成就了每个人不同的性格。性格决定命运。性格对职业的选择及职业生涯的成功有着重大的影响。

许多职业对性格有着特定的要求。例如，从事律师这一职业，就需要有逻辑思维严密、喜欢独立思考的性格；从事财会、统计、档案一类的职业需要有相对严谨、踏实的性格。可以说，从事任何一种职业都需要与之匹配的职业性格，相符的职业性格有助于更好地完成工作。

当然，除了少数职业对性格类型有着近乎苛刻的严格要求外，大多数职业并不一定过分强调性格与职业之间的严格对应。因为不同的性格类型可能在同一个职业领域内发挥不同的作用，而同一性格类型的人在不同的职业领域也可能会出现各具特色的表现。

性格特征与生涯规划的关系是很密切的，所以大学生在进行职业生涯规划前，首先需要了解自己具有什么样的性格特征。

（二）性格对职业发展的影响

1. 影响一个人对职业的适应性

不同的职业，由于其社会责任、工作形式、工作内容、工作方式、服务对象和手段各不相同，因此对从业者的性格也有不同要求。例如，从事幼儿园教师的工作，需要耐心、热情、活泼好动、喜欢孩子，最好还能保持一颗童心；而会计则要求细致、耐心、性格沉稳、能坐得住、做事有条理性。如果职业要求的性格和自己的性格不同甚至有很大冲突，那么，即使顺利入职，也会觉得工作是一种折磨，更别说取得成就了。

2. 认识性格有利于个人发展

认识自己的性格，有助于认清自己的优势和不足，提高自己的修养，克服自己的弱点，从而扬长补短，使自己不断完善，不断走向优秀。

三、MBTI 性格理论

（一）MBTI 性格理论的理论基础——荣格的性格理论

在心理学的类型论中，以瑞士心理学家荣格提出的性格论最为著名。1913 年，荣格在慕尼黑国际精神分析会议上提出了内倾型和外倾型的性格理论。1921 年，荣格又发表了心理学专著《心理类型学》，提出了思维、情感、感觉、直觉 4 项功能，并详细论述了内倾型和外倾型两种性格类型。之后，荣格又通过研究，进一步提出了外倾思维型、内倾思维型、外倾情感型、内倾情感型、外倾感觉型、内倾感觉型、外倾直觉型、内倾直觉型 8 种心理类型，并对这 8 种心理类型进行了深入的分析和研究。这些研究为性格理论后来的发展奠定了坚实的基础。

（二）MBTI 的含义

MBTI 全称是 Myers-Briggs Type Indicator，即迈尔斯-布瑞格斯类型指标。它以荣格的性格理论为基础，由美国的凯瑟琳·布里格斯和伊莎贝拉·布里格斯·迈尔斯母女共同研制开发，是一种迫选型、自我报告式的性格评估工具，用以衡量和描述人们在获取信息、做出决策、对待生活等方面的心理活动规律和性格类型。MBTI 主要应用于职业发展、职业咨询、团队建设和婚姻教育等方面，是目前国际上应用较广的人才甄别工具。

MBTI 职业性格能力

（三）MBTI 性格理论的内容

MBTI 性格理论显示了人与人之间的差异，而这些差异产生于以下 4 个方面：① 个体把注意力集中在何处，从哪里获得动力（外倾、内倾）；② 个体获取信息的方式（感觉、直觉）；③ 个体做决定的方法（思考、情感）；④ 个体对外在世界如何取向，通过认知的过程或判断的过程（判断、知觉）。这样就产生了 MBTI 性格理论的指标：共有 4 个维度，每个维度有两个方向，共计 8 个方面（见表 2-1）。

表 2-1　MBTI 维度解释

能量倾向：你更喜欢将自己的注意力集中于何处？你从何处获得活力？E-I 维度	
外倾：extroversion（E）	内倾：introversion（I）
注意力和能量主要指向外部世界的人和事，从与人交往和行动中得到活力	注意力和能量集中于自己的内心世界，从对思想、回忆和情感的反思中得到活力
① 关注外部环境	① 关注自己的内心世界
② 喜欢用谈话的方式进行沟通	② 更愿意用书面方式沟通
③ 通过谈话形成自己的意见	③ 通过思考形成自己的意见
④ 用实际操作或讨论的方式能学得最好	④ 用思考、在头脑中“练习”的方式学得最好
⑤ 兴趣广泛	⑤ 兴趣专注
⑥ 喜欢与人交往，善于表达	⑥ 安静而显得内向
⑦ 在工作和人际关系中都很积极主动	⑦ 当情境或事件对他们具有重要意义时会采取主动
接受信息：你如何获取信息？S-N 维度	
感觉：sensing（S）	直觉：intuition（N）
用自己的感官来获取信息。喜欢收集实实在在的、确实已出现的信息。对于周围所发生的事件观察入微，特别关注现实	通过想象、无意识等超越感觉的方式来获取信息。喜欢看整个事件的全貌，关注事实之间的关联。想要发现事件的模式，特别善于看到新的可能性
① 着眼于当前的实际情况	① 着眼于未来的可能
② 现实、具体	② 富于想象力和创造性
③ 关注真实的、实际存在的事物	③ 关注数据所代表的模式和意义
④ 观察敏锐、并能记住细节	④ 当细节与某一模式相关时才能够记得
⑤ 经过仔细周详的推理一步步得出结论	⑤ 靠直觉很快得出结论
⑥ 通过实际运用来理解抽象的思维和理论	⑥ 希望在应用理论之前先能对之进行澄清
⑦ 相信自己的经验	⑦ 相信自己的灵感
处理信息：你是如何做决定的？T-F 维度	
思考：thinking（T）	情感：feeling（F）
通过分析某一行动或选择的逻辑后果来做出决定。会将自己从情境中分离出来，对事件的正反两方面进行客观的分析。从分析和确认事件中的错误并解决问题中获得活力。目标是要找到一个能应用于所有相似情境的标准或原则	喜欢考虑对自己和他人来说什么是重要的。会在头脑中将自己放在情境所牵涉的所有人的位置上并试图理解别人的感受，然后在此基础上根据自己的价值判断做出决定。从他人的赞赏和支持中获得活力。目标是创造和谐的氛围，把每一个人都当作一个独特的个体来对待
① 擅长分析	① 善于体贴他人、感同身受
② 运用因果推理	② 受个人价值观的引导

（续表）

处理信息：你是如何做决定的？T-F 维度	
思考：thinking（T）	情感：feeling（F）
③ 以逻辑的方式解决问题	③ 衡量决定对他人产生的后果和影响
④ 寻求一个合乎真理的客观标准	④ 寻求和谐的气氛和积极的人际交往
⑤ 讲道理	⑤ 富于同情心
⑥ 可能显得不近人情	⑥ 可能会显得心肠太软
⑦ 公平意味着每个人都能得到平等的待遇	⑦ 公平意味着每个人都被作为独特的个体来对待
行动方式：你如何与外部世界打交道？J-P 维度	
判断：judging（J）	知觉：perceiving（P）
喜欢将事情管理得井井有条，过一种有计划的、井然有序的生活。喜欢做出决定，完成后继续下面的工作。生活通常会比较有规划、有秩序，喜欢把事情敲定下来。按照计划和日程办事对他们来说很重要。从完成任务中获得能量	喜欢以一种灵活、自发的方式生活，更愿意去体验和理解生活而不是去控制它。详细的计划或最后决定会使他们感到被束缚。愿意对新的信息和选择保持开放，直到最后一分钟。足智多谋，善于调节自己适应当前场合的需要，并从中获得能量
① 有计划	① 自发
② 喜欢组织管理自己的生活	② 灵活
③ 有系统、有计划	③ 随意
④ 按部就班	④ 开放
⑤ 喜欢制订短期和长期计划	⑤ 适应，改变方向
⑥ 喜欢把事情落实敲定	⑥ 不喜欢把事情确定下来，以留有改变的可能性
⑦ 力图避免最后一分钟才做决定或完成任务的压力	⑦ 最后一分钟的压力会使他们感到精力充沛

在 MBTI 评测结果中，每个维度上一个人只能有一种倾向，即一个人是内倾的，就不可能是外倾的，一个人是知觉型的，就不会是判断型的。当处于偏好的倾向时，人往往精力充沛且表现更佳。但是，在实际情况中，大部分的人往往会同时偏好同一个维度的两个倾向，即一个人既有外倾的时候，也有内倾的时候。所以，不要绝对地看待评测的结果。

MBTI 性格理论的 8 个方面两两组合，可以组合成 16 种性格类型（见表 2-2）。

表 2-2　MBTI 性格类型与匹配的典型职业类型

ISTJ 内倾感觉思考判断 如稽查员、律师	ISFJ 内倾感觉情感判断 如幼师、保育员	INFJ 内倾直觉情感判断 如咨询师、编辑	INFP 内倾直觉情感知觉 如治疗师、音乐家

（续表）

ESTJ 外倾感觉思考判断 如督导员、质检员	ESFJ 外倾感觉情感判断 如营销员、销售员	ENFJ 外倾直觉情感判断 如教师、政治家	ENFP 外倾直觉情感知觉 如记者、演讲家
ISTP 内倾感觉思考知觉 如药剂师、科研人员	ISFP 内倾感觉情感知觉 如作家、艺术家	INTJ 内倾直觉思考判断 如顾问、科学家	INTP 内倾直觉思考知觉 如建筑师、设计师
ESTP 外倾感觉思考知觉 如创业人员、志愿者	ESFP 外倾感觉情感知觉 如促销员、社会工作者	ENTJ 外倾直觉思考判断 如管理者、调度员	ENTP 外倾直觉思考知觉 如企业家、发明家

（四）MBTI 四种基本性格类型

MBTI 性格类型系统中有 4 种基本性格倾向组合，这 4 种组合如下。

1．直觉+思考=理性者（NT）

理性者自信、有智慧、富有想象力。他们的原则是所有的事情都要做到最好。他们天生好奇，喜欢不断地吸取知识，能够看到同一问题的多个不同方面，习惯于全面地思考问题和一分为二地看待问题，从而对真实或假设的问题构思出解决方案。其代表人物有比尔·盖茨、阿尔伯特·爱因斯坦、玛格丽特·撒切尔等，如图 2-3 所示。

比尔·盖茨

阿尔伯特·爱因斯坦

玛格丽特·撒切尔

图 2-3　理性者的代表人物

理性者是 4 种类型中最独立的一种人。他们对待工作原则性强、标准高，对自己和对别人的要求都很严格。他们不会被别人的冷遇和批评干扰，喜欢以自己的方式做事。

理性者喜欢自由、富于变化的工作环境，喜欢挑战需要较高的智力才能完成的工作。他们喜欢看到自己的想法得到实施，喜欢与有能力的上司、下属、同事共事。许多理性者推崇权力，易于被有权力的人和权力地位所吸引。

案例精选

理性者比尔·盖茨

比尔·盖茨是一个典型的理性者。

比尔·盖茨只有 13 岁的时候，就对学校的一台新电脑产生了浓厚兴趣。他逃掉数学课，偷偷溜到机房，沉浸在电脑编程的世界里。就是在这一年，他第一次通过编程，制作出一个能让人和电脑一同游戏的小软件。在学校，上机的时间和次数对每个学生是有限制的，他就和几个同学在电脑里植入Bug，让上机次数变成无限。

当学校管理人员发现他的才华之后，让他帮忙为学校编写程序，给学生安排班级。后来他以极其优异的成绩从中学毕业，进入哈佛大学。在哈佛读书的那段时期，他一直没有非常明确的专业计划，而是把大部分时间都投入到了电脑研究上去。后来，在大三的时候，他看到了软件行业的广阔前景，便说服父母支持自己辍学创业。一年之后，他发布了震惊当时 IT 业的《致爱好者的公开信》，提出软件的知识产权保护。从此，比尔·盖茨在复杂的软件世界里如鱼得水，并长期占据世界富人排行榜前列的位置。同时，一个伟大的公司慢慢崛起，那就是我们熟知的微软。

资料来源：360 图书馆，

http://www.360doc.com/content/15/0402/08/17694333_459981620.shtml

2. 感觉+知觉=艺术创造者（SP）

艺术创造者关注感官带给他们的信息，而且相信那些可以测量和证明的东西；同时，他们喜欢面对各种各样的可能性，喜欢自由随意的生活方式，属于反应灵敏和自发主动的一种人。其代表人物有迈克尔·乔丹、玛丽莲·梦露、帕布洛·毕加索等，如图 2-4 所示。

迈克尔·乔丹　　玛丽莲·梦露　　帕布洛·毕加索

图 2-4　艺术创造者的代表人物

艺术创造者是 4 种类型中最富有冒险精神的。他们最可贵的地方在于机智多谋，富有乐趣。他们为行动、冲动和享受现在而活着，有一种想到某件事情就立即去做的冲动，而且喜欢一气呵成，一口气把事情做完，但他们又不喜欢太长时间做同一件事情。

艺术创造者喜欢富于自由、变化和行动力的工作，喜欢那些能够有即时效果的工作，他们以能够巧妙而成功地完成工作为乐。由于他们喜欢充满乐趣的生活，因此无论做什么都必须让他们感到充满乐趣，这样才能令他们感到满意。

案例精选

艺术创造者海明威

海明威是一个典型的艺术创造者。

在 62 年的生命中，海明威一直努力尝试做好每一件事情。他曾在佛罗里达州和古巴享受静美的田园生活，也曾奔波于一战、二战前线。他把自己的游艇改装成巡逻艇侦查德国潜艇的情报；他当过救护车的司机，把巧克力和香烟送上战场前线；他曾因为双腿严重受伤在医院躺了 6 个月；他练过拳击，滑过雪，玩过帆船；他曾与公牛赛跑，捕猎过狮子和野牛，捕捞过鳟鱼和马林鱼；他甚至还有从伦敦的车祸、西珊瑚岛的暴风雨和非洲的两次空难中数次死里逃生的经历。

他不仅仅是个小说家，写出了影响几代人的故事，获得过诺贝尔文学奖，给世人留下了《永别了，武器》《老人与海》《丧钟为谁而鸣》等不朽之作，开启了一代文风；他还是一个勇敢的战地记者，将数百篇报道和新闻送到后方。他笔下常见的人物形象是“硬汉”，“硬汉”面对外界的巨大压力和厄运的打击时，仍然坚强不屈、勇往直前，甚至视死如归。他们可能最后还是失败了，但是却保持了人的尊严和勇气，有着胜利者的风度。海明威的作品中洋溢着对生活的热爱，对年轻人迷惘和痛苦的安抚。他说过这样一句话：“人可以被毁灭掉，但他那份永不放弃的意志却永远不会消失。”

资料来源：360 图书馆，http://www.360doc.com/content/15/0402/08/17694333_459981620.shtml

3．直觉+情感=理想主义者（NF）

理想主义者是指善于运用直觉认识世界，运用情感对世界做出判断的人。他们做人的原则是真实地面对自己。理想主义者的代表人物有列宁、勃朗特姐妹、甘地等，如图 2-5 所示。

列宁

夏洛特・勃朗特

甘地

图 2-5　理想主义者的代表人物

理想主义者是4种类型中精神上最具哲理性的人。他们乐于接受新的思想，善于容纳他人。他们非常崇尚人与人之间和各种关系中的真实和正直，容易将别人理想化。周围环境中的矛盾冲突常使理想主义者感到痛苦。

对理想主义者而言，一份好工作应该是自由的，有意义的，而不是简单的常规工作或只是一种谋生手段。他们喜欢民主、能够激励各种层次的人高度参与某种组织，会被那些促进人性价值的组织或那些允许他们帮助别人完成工作的职业所吸引。

案例精选

理想主义者乔布斯

乔布斯是一个典型的理想主义者。

乔布斯是一个让大家又爱又恨的天才。他在公司里经常莫名其妙地发火，为此，有一位公司董事会成员不插手任何其他事务，专门负责处理乔布斯的人际关系。只要产品不能达到乔布斯完美的期望，他的员工就会被劈头盖脸地大骂一通，员工常感到很委屈。乔布斯永远不愿意改变自己的形象，无论是去公司上班还是和总统吃饭，他都身着黑毛衣和牛仔裤，显得特别格格不入。硅谷是创业者云集的地方，可他比较孤僻，和大部分创业者都玩不到一块儿去。

乔布斯对产品完美和简洁的追求永无止境。他甚至会走进一个部门，一声不吭地拿起笔在白板上画出一个方框，说："这个产品就是要这么简洁方便，把需要处理的东西拽进框内，一切就搞定了，不要其他多余的复杂程序。"毋庸置疑，没有乔布斯，就没有苹果的今天。苹果产品的每一次发布会都由他亲自演示，苹果产品的每一条新闻都能激起巨大的反响。如果其他公司和品牌的市场宣传算是优秀的话，苹果的市场宣传和公关造势则可称为卓越。每一次新产品上市，都有人提前一晚上通宵在苹果店门前排队等候。甚至很多年轻人在自己身上文上苹果的标志，以示对苹果的忠诚。

资料来源：360图书馆，

http://www.360doc.com/content/15/0402/08/17694333_459981620.shtml

4．感觉+判断=护卫者（SJ）

护卫者相信事实、已证实的数据和过去的经验，他们保守、稳定，始终如一，循规蹈矩，喜欢有结构、有条理的世界，具有判断力，喜欢做决定，是一种既现实又有明确目标的人。其代表人物有乔治·布什、乔治·华盛顿、维多利亚女王、伊丽莎白女王等，如图2-6所示。

乔治·布什　乔治·华盛顿　维多利亚女王　伊丽莎白女王

图 2-6 护卫者的代表人物

护卫者是 4 种类型中最传统的一类。他们重视法律、秩序、安全、规则和本分，尊重权威、等级制度和权力，一般具有保守的价值观。他们很有责任感，而且经常努力去做正确的事情，这使他们值得信赖和依靠。对于护卫者来说，任何东西都应该放在最合适的位置，每个人都应当做别人认可的事情，并受到公正应得的赏罚。每个人的行动都必须接受严格的监督，所有产品都需要经过彻底的检查，所有合理要求都应当很快得到满足，对于被核准的冒险行为应当谨慎地确保安全。

案例精选

亚历山大·亚历山德罗维奇·柳比歇夫

苏联有个名叫亚历山大·亚历山德罗维奇·柳比歇夫的教授。他生前发表了 70 多部学术著作，各种各样的论文和专著，加起来一共有 500 多印张，相当于 12 500 张打字稿，这个数字即使对专业作家而言，也是庞大的。

柳比歇夫教授的知识面很广，谈起英国的君主制度，他能够说出每一位英国国王临朝秉政的细节；说到宗教，不管是古兰经、犹太传经，还是罗马教廷的源流、毕达哥拉斯学派的思想、马丁·路德的学说……，他都如数家珍。

柳比歇夫教授博学精深，同时又是很多细分领域的专家。单单就地蚤分类这一项，其工作量就颇为可观：到 1955 年，柳比歇夫已搜集了 35 箱地蚤标本，共 13 000 只。其中，5 000 只公地蚤做了器官切片，总计 300 种。他收集的材料比普通动物研究所多 5 倍。

是什么造就了这样不可思议的成就？翻开柳比歇夫的日记，一切变得明晰。他从 1916 年开始记日记，一天也没有间断过。其实，那可以不算是日记，而是一份时间明细账。

分类昆虫学（画两张无名袋蛾的图）：3 小时 15 分；

鉴定袋蛾：20 分钟；

附加工作：给斯拉瓦写信（2 小时 45 分）；

社会工作：植物保护小组开会（2 小时 25 分）；

休息：给伊戈尔写信（10 分钟）；

阅读《乌里扬诺夫斯克真理报》（10 分钟）；

阅读列夫·托尔斯泰的《塞瓦斯托波尔纪事》（1 小时 25 分）；

……

从 1916 年到 1972 年他去世的那一天，56 年如一日，他以 5 分钟为单位，一丝不苟地记下他所有的时间支出。他能精确地计算出任何一项研究和工作花费了他多少时间：在《论生物学中运用数学的前景》一文的最后一页，他写着：

准备（提纲、翻阅其他手稿和参考文献）：14 小时 30 分；

写：29 小时 15 分；

共耗时：43 小时 45 分，共 8 天；

1921 年 10 月 12 日至 19 日。

资料来源：360 图书馆，

http://www.360doc.com/content/15/0402/08/17694333_459981620.shtml

四、完善职业性格

一个人的性格直接影响其职业性格。职业性格是指人们在长期特定的职业生活中所形成的与职业相联系的、稳定的心理特征。例如，有的人对待工作总是一丝不苟，踏实认真；在待人处事中总是表现出高度的原则性、果断、负责；在对待自己的态度上表现为谦虚、自信、严于律己等，所有这些特征的总和就是其职业性格。完善职业性格的方法和途径主要有以下几个方面。

（一）树立正确的职业价值观

微软（中国）公司的前总裁唐骏曾说："没有一个工作是十全十美的，工作中难免有压抑、枯燥的时候，把自己喜欢的工作做好是一种享受，把自己不喜欢的工作做好，更需要使命感。"正确的职业价值观是做好工作的前提条件。只有对职业有了正确的认识，才能热爱自己的本职工作，进而主动调适自己不适应职业要求的性格特征。

（二）学习榜样，调适性格

大学生可以通过学习榜样来逐步完善职业性格。这方面的榜样主要包括两类：一类是从事与所学专业对应职业群的成功者；另一类是原有性格与职业不相适应，经过调适而取得了成功的人。

（三）严格要求，提高素养

大学生可以从生活、学习、工作、对人对己的思想行为等方面，通过自我分析、自我评价、自我监督、自我誓约等方式进行自我教育，从而提高自己的职业性格素养。当然，前提是须有持久性和较强的自制力。

（四）积极实践，加强磨炼

通过长期实践和磨炼，养成了自觉行动，形成习惯，就能结出硕果——良好的职业性格。任何职业性格的培养都离不开实践活动，人的职业性格是在职业活动中造就的，特殊的职业造就特殊的性格。

课堂讨论

你所学专业对应的职业，对从业者的性格有哪些要求？自己的性格与这些要求有哪些是相符的？哪些是不相符的？若想从事与本专业相符的职业，应如何改善自己的性格？

知识链接四　能力探索

一、能力的分类

能力按获得方式的不同，一般分为能力倾向和技能两大类。能力倾向是指上天赋予的特殊才能，如音乐、运动能力等；技能是指经过后天学习和训练而培养的能力。

（一）能力倾向

哈佛大学教育学教授加德纳认为，能力倾向（即潜能或智力）是多元的，是由同样重要的多种能力构成的，这就是著名的多元智能理论。他提出，人类至少有 7 种不同的智力：言语—语言智力、逻辑—数理智力、视觉—空间智力、音乐—节奏智力、身体—动觉智力、交往—交流智力和自知—自省智力（见图 2-7）。这 7 种智力在个人的智力结构中处于同等重要的地位，每个人都同时拥有这 7 种智力，但它们在每个人身上以不同方式、不同的程度组合，从而使得每个人的智力各具特点。例如，在周恩来、爱因斯坦、贝多芬、达·芬奇、姚明、奥黛莉·赫本和特蕾莎修女这些在各自领域做出杰出贡献的著名人物之间很难比较谁更聪明。我们只能说他们各自在不同的领域，以不同的表现方式，将自己天生的聪明才智发挥到了极致。

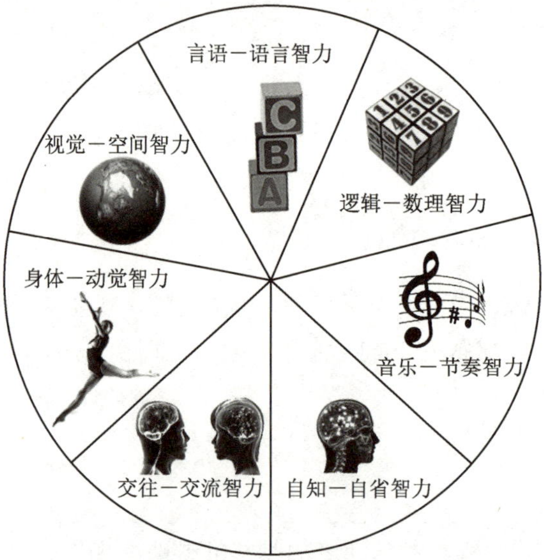

图 2-7　多元智能理论

加德纳的多元智力理论告诉我们：对于世界上的每一个人来说，不存在谁更聪明的问题，只存在不同个体在哪个方面聪明的问题。每个人都是独特的。正如中国古人所言："天生我材必有用。"如果个人能将自己独特的天赋充分发挥出来，那么，每个人都可以是出色的。

（二）技能及其分类

技能是指个体在特定目标指引下，运用已有的知识经验，通过练习而形成的一定的动作方式或智力活动方式。技能的学习要以程序性知识的掌握为前提，一般通过感性认识（看或听）、模仿（学习）、练习反馈等过程，由不会到会再到熟练，从而达到自动化式的定型。

辛迪·梵和理查德·鲍尔斯将技能分为专业知识技能、自我管理技能和可迁移技能（或称通用技能）3 种类型。提到技能，通常人们比较容易想到自己所具有的知识技能，但实际上后两种技能更为重要。

1. 专业知识技能

专业知识技能是指那些需要通过教育或者培训才能获得的特别的知识或能力，也就是个人所学习的科目、所懂得的知识，如外语、中国古代历史、电脑编程、化学元素周期表等知识。

如果把知识看成是一种信息的话，那么知识性技能则是将信息进行分类、加工、整合等进行应用的一种能力。即知识本身是静态的，而知识性技能则是一种动态的表达。这类技能与专业学习或工作内容直接相关，需要经过专业培训才能获得，且不能迁移。事实上，专业知识技能并非只能通过正式专业教育才能获得。它的获取还有下列途径：课程学习、课外培训、辅导班、自学、专业会议、讲座或研讨会、上岗培训、娱乐休闲、社会实践、社团活动等。

专业知识技能分为基础技能和专项技能。

（1）基础技能是指从事一般职业所必须掌握的最基本技能。较高层次技能的培养依赖于基础技能的掌握。以师范生为例，不管是历史、中文、还是数学或物理专业的学生，作为未来的教师，都应具备基础的教学技能，如表述技能、书写技能、信息处理技能等，即要有标准的普通话和良好的语言表达能力、扎实的三笔（钢笔、粉笔、毛笔）一画基本功及应用现代教学媒体的能力等。这些技能都是教师不可或缺的技能，是教师的基本功。

（2）专项技能是指从事某种职业所必须掌握的某项或几项特殊能力。专项技能是在基础技能的基础上进一步发展起来的能力。它对不同职业的从业者提出了更高的要求。例如，教师在掌握了基础技能外，在课堂上还应有板书变化技能、提问技能、强化技能、练习指导技能、课堂组织技能和教学技能的综合运用等多种技能。专项技能的高低决定了择业顺利与否，也决定了未来事业的发展高度。

2. 自我管理技能

良好的自我管理技能能够帮助个体更好地适应周围的环境、应对工作中出现的问题，因此它也被称为“适应性技能”。自我管理技能经常被看作个性品质，被用来描述或说明人具有的某些特征，常以形容词或副词的形式出现，如诚实的、仔细的、认真的、负责的等。自我管理技能无论是一个人先天具有的，还是后天习得的，都需要练习。

3. 可迁移技能

人们所获得的各种技能之间可以相互作用，已经掌握的技能可能对新的技能起促进作用，也可能妨碍新技能的学习，这种现象叫作技能的迁移。可迁移技能一般用行为动词来描述，如人际交往能力、沟通能力、解决问题的能力、团队合作能力、领导力、适应能力等。其特征是它可以从生活的方方面面，特别是工作之外得到发展，还可以迁移应用于不同的工作之中。因此，也被称为“通用技能”。

拓展阅读

用人单位最重视的技能

用人单位普遍比较重视求职者的教育背景、经验和态度等综合素质。有些领域需要专业知识和证书，但大部分职业并不要求有什么特殊的知识技能，需要的是一些更为普遍、一般性的技能和素质（即可迁移技能和自我管理技能）。根据美国“全国大学生与雇主协会”的调查，美国雇主们最为重视的技能和个人品质按顺序排列如下：① 沟通能力；② 积极主动性；③ 团队合作精神；④ 领导能力；⑤ 学习成绩；⑥ 人际交往能力；⑦ 适应能力；⑧ 专业技术；⑨ 诚实正直；⑩ 工作道德；⑪ 分析和解决问题的能力。

我们可以看到，其中的第①④⑥⑦⑪都属于可迁移技能，第②③⑨⑩都是自我管理技能，而知识技能排在第⑤和第⑧。

在美国劳工部及美国生涯咨询和发展协会对雇主进行的另一份调查结果也显示：雇主们非常重视员工的自我管理技能和可迁移技能。具体如下：① 善于学习；② 读、写、算的能力；③ 良好的交流能力，包括听、说能力；④ 创造性思维和解决问题的能力；⑤ 自尊、积极、有奋斗目标；⑥ 有个人和事业开拓能力；⑦ 交际、谈判能力及团队精神；⑧ 良好的组织能力和领导能力。

事实上，中国的雇主们所看重的同样是这些能力。根据 2019 年校招测评对各项能力选择的调查和不同行业对胜任力选择的调查，许多单位在招聘人才时最为重视的技能和个人品质依次为：① 认真负责；② 团队合作；③ 学习能力；④ 抗压能力；⑤ 坚韧性；⑥ 沟通能力；⑦ 积极主动；⑧ 适应转变；⑨ 高效执行；⑩ 严谨细致；⑪ 创新能力；⑫ 分析能力；⑬ 规划安排。因此，大学生不能只重视学习成绩，更应该重视其他综合能力的培养，为将来的职业发展打好基础。

资料来源：豆丁网，http://www.docin.com/p-714093486.html

二、能力与职业发展

（一）能力与职业发展的关系

正所谓“尺有所短，寸有所长”，每个人所具备的能力也不尽相同。因此，在进行职业选择时，要从自身的能力出发，充分考虑到自身能力与职业是否相匹配。

1. 能力是职业选择的现实基础

能力，是一个人能否进入职业的先决条件，是能否胜任职业工作的主观条件。无论从事什么职业总要有一定的能力做保证。个体只有具备相应的职业能力，才能胜任相应的职业工作任务。否则，任何的职业选择都毫无成功的可能性。社会上任何一种职业对工作者的能力都有一定的要求。例如，会计、出纳、统计等职业的工作者必须有较强的计算能力；工程、建筑及服装设计等职业的工作者要具备空间判断能力；飞行员、外科医生、运动员及舞蹈演员等职业的工作者则要具备眼与手的协调能力。大多数人在其一生之中，要从事各种各样的社会生活和社会生产活动，必须具备多种能力与之相适应。

2. 能力与职业选择相匹配

不同的个体之间存在能力的差别，不同的职业也有不同的能力要求，因此，进行职业选择时，要充分考虑能力与职业的匹配。一方面，应当注意一般能力与职业之间的关系。一般能力是多数职业的共同的基本要求，具有通用性。因此，进行职业选择前就必须具备一般能力。另一方面，应当注意特殊能力与职业的关系。如同盖房用的木料，粗者为梁，细者为椽，直者为柱，曲者为拱，整者为门，碎者为窗，硬者为面，软者为里，各有所用，各得其所。在选择职业时不能好高骛远或单从兴趣爱好出发，要实事求是地检测一下自己的学识水平和职业能力，这样才能找到“用武之地”。

拓展阅读

做适合自己的事情

为了和人类一样聪明，森林里的动物们开办了一所学校。开学的第一天来了许多动物，有小鸡、小鸭、小鸟，还有小兔、小山羊、小松鼠。学校为它们开设了5门课程：唱歌、跳舞、跑步、爬树和游泳。当老师宣布，今天上跑步课时，小兔子兴奋地在体育场跑了一个来回，并自豪地说：“我能做好我天生就喜欢做的事！”再看看其他小动物，有噘着嘴的，有耷拉着脸的。放学后，小兔回到家对妈妈说：“这个学校真棒！我太喜欢了。”

第二天一大早，小兔子蹦蹦跳跳来到学校。老师宣布，今天上游泳课，小鸭子兴奋地跳进了水里，而天生害怕水的小兔子傻了眼，其他小动物也没了招。接下来，第三天是唱歌课，第四天是爬树课……，以后发生的情况，便可以猜到了，学校里每一天的课程，小动物们总有喜欢的和不喜欢的。

这个寓言故事诠释了一个通俗的哲理，那就是“不能让猪去唱歌、让兔子去学游泳”，要做适合自己的事情，小兔子就应跑步，小鸭子就该游泳，小松鼠就得爬树。无论从事什么职业，都应该量力而行。

资料来源：中国人力资源开发网，http://www.chinahrd.net/blog/142/24724/141533.html

（二）能力对职业发展的影响

1. 能力是就业的关键

一个人要想谋求理想的职业，立足于岗位工作，并在职业岗位上做出成绩，不仅要具有一定的科学文化知识和思想道德素质，还要具备良好的职业能力。职业能力是就业的关键，是获得职业成功的前提。

显而易见，在严峻的就业形势下，就业竞争日益激烈，这种竞争将突出体现为职业能力的竞争。在优胜劣汰的市场竞争中，不具备一定的职业能力，就意味着就业的失败，就意味着可能失业和再次择业。据调查，我国国有企业下岗人员从被迫下岗到再就业难，一个重要的原因，就是相当一部分下岗人员缺乏职业能力，没有过硬的技术本领。

2. 能力推动职业生涯快速发展

具有较高的能力，不但是成功就业的敲门砖，还是保职升职的有力保障。反之，如果能力不足，即使暂时获得了岗位，也会因不能胜任而遭到淘汰。同时，具有较好的职业能力，会让自己在工作时游刃有余，获得较强的工作愉悦感和成就感。

在工作过程中，职业能力强的人，一般会取得更好的工作绩效，为组织创造更大的价值，所以有更多的职业晋升机会，从而获得更好的职业生涯发展。随着能力的积累和发挥，其职业发展空间会越来越大，而随着发展空间的增大，其能力的提升也会更快，形成良性循环，最终取得生涯的成功。

三、了解职业对技能的要求

（一）发现自己的成就及技能

1. 可衡量的业绩

大学生可以回顾自己的成长经历，将可以拿来量化的事例作为业绩罗列出来，如“连续三年获得奖学金”“期末考试得了全年级第二”“作为校学生会的宣传部部长，成功筹备和组织了两次大型活动”“在兼职某企业销售员的一个月时间内，成功与客户签订了一个销售协议”等。这些数据可以非常具体、详实地说明个人所取得的成绩，给人以深刻印象。

2. 来自他人的认可

每个人都需要实现自我价值，而实现自我价值的途径之一就是获得来自他人的认可。来自他人的认可还能使大学生对自己的评价更为客观。

来自他人的认可有可能会以奖励（如获得辩论赛第一名）、升职（如被同学推选为班干部）的形式体现，也可能会以书面或口头表扬的形式出现。但更多的时候，它只是一种人与人之间微妙的认可。大学生可以问自己一些问题，来感知这种微妙的认可。例如，“同学、朋友是否总是依靠你来完成某些事情？”“如果一个比较了解你的人向别人介绍你的才华，他可能会说些什么？”“如果离开现在所在的集体，你的同学或朋友会因为你的离去而感到不适吗？”“同学遇到困难时，会不会总是想得到你的帮助？”等。他人对这些问题的回答，就反映了个人所擅长的、为人称道的能力和品质。

3. 技能词汇表

技能词汇表包括专业知识技能词汇表、自我管理技能词汇表、可迁移技能词汇表等（见表 2-3）。这些技能词汇表中的词汇非常丰富，大学生可以通过挑选符合自己情况的词汇来启发思路，更全面地看到自己所拥有的技能。

表 2-3　技能词汇表

技能类型	技能词汇	测试要求
专业知识技能	美学、会计、管理、农业、解剖学、声学、杂技、飞机、动物、古董、人类学、制陶术、工程学、地理、庆典、发动机、构造、仪器、娱乐、仲裁、化学药品、建筑、教堂、高尔夫球、数学、城市、政府、艺术、艺术史、家庭、机构、气候、图表、衣服、时尚、天文学、语法、运动、颜色、肥料、原子、喜剧、电影、金融、手工艺品、儿童养育、计算机、财务记录、卫生保健、信仰、消防、化妆品、急救、历史、生物学、园艺、插花、植物学、外语、卫生、卡通、地理学、新闻业、商品、心理学、养育等	请圈出符合你的词汇。如有可能，用一个更具体的词汇来替换这里的词汇。例如，如果你圈出了“外语”这个词，根据你所掌握的外语方面的知识，你可以把它替换成“英语”或“日语”等
自我管理技能	诚实、正直、自信、合作、耐心、细致、慎重、认真、负责、可靠、灵活、幽默、友好、真诚、热情、投入、高效、冷静、严谨、踏实、积极、主动、豪爽、勇敢、忠诚、直爽、现实、执着、机灵、感性、善良、大度、坚强、随和、聪明、稳重、热情、乐观、朴实、渊博、机智、敏捷、活泼、灵活、敏锐、公正、宽容、勤奋、镇定、坦率、慷慨、清晰、明智、坚定、乐观、亲切、好奇、果断、独立、成熟、谦虚、理性、客观、平和、有创意、有激情、有远见、有抱负、有条理、想象力丰富、善于观察、坚韧不拔、足智多谋、精力旺盛、头脑开放、多才多艺、彬彬有礼、善解人意、吃苦耐劳等	挑选出你认为符合自己情况的词汇，然后思考“为什么会这样描绘自己？”“有哪些实际生活、学习或工作的例子可以用来证明？”等问题
可迁移技能	执行、照顾、巩固、指导、编辑、建设、洞察、适应、发现、管理、选择、控制、拆除、装配、分类、烹调、展示、劝告、协调、分析、训练、预测、收集、联络、训练、申请、着色、咨询、评价、交流、编辑、安排、比较、创造、评估、完成、决定、忍耐、权衡、集中、设计、估计、协助、构成、代表、提高、领会、娱乐、审核、计算、美化、调和、探测、膨胀、解释、发明、探索、计算、保存、诊断、表达、领导、生产、分享、学习、编程、感受、搬运、提升、演出、填充、倾听、校对、简化、融资、装载、保护、唱歌、定位、维修、交际、追随、制造、宣扬、分类、预见、演讲、伪造、操纵、提问、调解、阅读、收集、推理、激励、记忆、记录、建议、给予、指导、招聘、总结、统治、最小化、监督、引导、修改、讲述、合成、处理、教导、研究、收获、识别、趋向、举例、研究、解决、即兴表演、创造、翻译等	圈出任何你所拥有的技能，在这个技能的后面试着用“什么”和“谁”来回答

4. 技能测试

根据技能词汇表，对照技能分类列出自己认为最重要的技能，并写出实例。

（二）了解职业技能要求的方法

大学生在对自身所具备的技能有所了解后，还需要了解自己所掌握的这些技能可以应用到哪些工作中，以及这些工作还需要哪些技能方面的要求。因此，大学生需要一些必要的方法来及时了解和掌握职业对技能的要求。

1. 参考网站

招聘网站每天都会发布大量的职位空缺信息，并对空缺职位所要求的技能进行较为详细的说明，一些专业领域的网站也会对职业技能有一定的介绍，大学生可参考这些网站上的信息对自己想要了解的职业所需技能进行梳理，明确自己需要提高哪些技能，还需要学习哪些技能等。

2. 访谈

大学生可以利用访谈活动快速地了解职业技能要求（如对生涯人物进行访谈，详见模块三“职业探索”部分的内容，在此不再赘述）。访谈活动可以有效地帮助大学生在进入某一行业之前做好职业方面的技能准备。

3. 根据职业的技能要求培养和发展个人技能

当个人明确了目标职业需要的技能要求后，就需要提早准备，有计划、有针对性地进行学习。在大学阶段，提高个人技能的方法主要有以下几个方面。

（1）课内学习。课内学习为培养大学生的专业技能创造了良好条件。大学生要充分利用学校的各种资源，主动参与课堂教学，如积极与同学和老师进行讨论、进行实际操作等，逐步养成良好的学习习惯，不断提升自己的专业能力，为成就未来的事业打下坚实的基础。

（2）广泛参加“第二课堂”。“第二课堂”是指课外的各种学习和实践活动。这一领域的开辟，对大学生就业起到了很好的推动作用。大学生应根据自己的爱好和特长，积极参加各种“第二课堂”，如学术讨论会、读书报告会、朗诵、演讲、写作、书法等活动。大学生还可以积极争取并充分利用各种实习机会和职业技能培训，选择与职业目标相对应的行业及岗位实习。通过这些课外实践活动，大学生可以充分发挥自身的主动性、独立性和创造性，有意识地从事业和未来的工作需要出发培养和锻炼自己。

知识链接五　价值观探索

一、价值观概述

（一）价值观的特点

价值观具有相对稳定性和持久性的特点，在特定的时间、地点、条件下，人们的价值观总是相对稳定和持久的。人们对某种事物的好坏总有一个看法和评价，在条件不变的情况下这种看法不会改变，但随着其经济地位的改变以及人生观和世界观的改变，其价值观也会随之改变。

（二）价值观的分类

价值观分为普适性价值观和特定性价值观。人们追求真善美为价值取向的观念是普适性价值观；个体对周围的客观事物（包括人、事、物）的意义、重要性的看法和评价是特定性价值观。

（三）价值观的作用

价值观对人自身行为的定向和调节起着非常重要的作用。价值观决定人的自我认识，它直接影响和决定一个人的理想、信念、生活目标和追求方向的性质。价值观的作用主要表现在两个方面：

（1）价值观对动机有导向的作用，人们行为的动机受价值观的支配和制约，价值观对动机模式有重要影响。在同样的客观条件下，具有不同价值观的人，其动机模式不同，产生的行为也不相同，只有那些经过价值判断被认为是可取的，才能转换为行为的动机，并以此为目标引导人们的行为。

（2）价值观反映人们的认知和需求状况，价值观是人们对客观世界及行为结果的看法和评价，它从某个方面反映了人们的世界观和人生观，反映了人认知世界的方式。

二、价值观与职业发展

（一）价值观与职业的关系

价值观是人们在考虑问题时所看重的原则和标准，是个人生涯发展的内在驱动力。职业与价值观关系密切，二者的契合度越高，职业的满意度就越高。这种满意度也在一定程度上决定着大学生就业后的工作态度和工作质量。职业与价值观若能很好地匹配，就能帮助个人降低工作压力、提升工作士气、提高工作效率。

（二）职业价值观对职业的影响

职业价值观是人生目标和人生态度在职业选择方面的具体体现，是指一个人对职业的认识和态度，以及他对职业目标的追求和向往。从另一个角度来讲，职业价值观又是一个人最期待从工作中获得的东西。一个人的理想、信念、世界观对于职业的影响，都集中体现在职业价值观上。俗话说“人各有志”，这个“志”表现在职业选择上就是职业价值观，它是一种具有明确目的性、自觉性和坚定性的择业态度和行为，对一个人职业目标和择业动机起着决定性的作用。

职业价值观是个人与职业匹配的基础之一。职业价值观决定了大学生的职业期望，影响着大学生的职业目标选择。例如，在求职择业过程中，有的人追求丰厚的收入；有的人热衷于较高的社会地位；有的人喜欢公平公正的工作环境等。这些职业价值观折射出大学生的世界观和理想，进而影响着个人对就业方向和具体职业岗位的选择。

案例精选

钱学森的爱国魂

1947 年，刚刚 36 岁的中国科学家钱学森，被美国麻省理工学院聘为终身教授。这是一个很高的荣誉，预示着钱学森会有优厚的待遇和远大的前程。

然而，当钱学森得知中华人民共和国成立的消息后，这个每时每刻都在思念祖国的科学家，顿时沉浸在极大的喜悦之中。钱学森在美国已经生活了十多年，又被誉为“在美国处于领导地位的第一位火箭专家”，金钱、地位、声誉他都有了。可他想：“我是中国人，我的根在中国。我能够放下在美国的一切，但不能放下祖国。我就应早日回到祖国去，为建设新中国贡献自己的全部力量！”他还对中国留学生说：“祖国已经解放了，国家急需建设人才，我们要赶快把学到的知识用到祖国的建设中去。”

钱学森准备回到中国的决定，引起美国有关方面的恐慌。他们认为：钱学森的专业技术如果带回去，中国的科学技术将高速发展。美国海军的一位领导人曾对美国负责出境的官员说：“我宁可把钱学森枪毙了，也不让他离开美国！钱学森至少值 5 个师的兵力。”

钱学森的回国计划受到严重阻挠。美国官方发“文件”通知他不准离开美国。本来他的行李已经装上了驳船，准备由水路运回祖国。可美国海关硬说他的书籍和笔记本中藏有重要机密，诬蔑钱学森是“间谍”。其实，这些书籍和笔记本，大部分是公开的教科书，其余都是钱学森自己的学术研究记录。

一波未平，一波又起。几天之后，钱学森突然被逮捕，然后被关押在一个海岛的拘留所里，受到无休止的折磨。看守人员每天晚上每隔 10 分钟进室内开一次电灯，使他根本无法入睡。钱学森的遭遇，引起加州理工学院坚持正义的同事和学生的同情，在他们和其他正直人士的强烈抗议下，美国特务机关被迫释放了他，可对钱学森的迫害并没有停止，他们限制他的行动，监视他的信件、电话等。尽管有种种限制，钱学森也没有屈服。他不断提出严正要求：“坚决离开美国，回中国去！”

在争取回国的日子里，钱学森更加关心祖国的建设事业，经常从《华侨日报》等报刊上了解新中国的状况，和中国科学家、留学生讨论建设祖国的有关问题。为了能够迅速回国，他租房子只签订短时间的合同。家里准备了三只轻便的小箱子，时刻准备着搭飞机回到中国。

5 年过去了。钱学森争取回国的斗争得到世界各国主持正义的人们的支持，更得到了中国政府的极大关怀。周恩来总理曾亲自了解他的状况，并指示参加中美两国大使级会谈的中国代表，在会谈中提出钱学森博士归国的问题。

1955年8月，这场外交斗争最终取得了胜利，美国政府被迫同意钱学森回到中国。到达北京的第二天清晨，钱学森就和妻子带着两个孩子来到天安门广场，他激动地说：“我相信我一定能回到祖国。此刻，我终于回来了！”

冲破重重阻拦而回国的钱学森，一头扎进了军事科学的研究中。他倾其所学，不断推出科研新成果，为祖国的国防事业竭思尽智，做出了巨大的贡献，被誉为“导弹之父”，国务院授予他“全国劳动模范”的光荣称号。

在美国定居且能获聘终身教授，这是多少人梦寐以求的愿望。可为了祖国的繁荣富强，钱学森放下了这一切。钱学森的爱国言行，无疑凝聚着中华民族之魂，展示了中华儿女对祖国的拳拳之心。

三、探索价值观的方法

不同的价值观会产生不同的行动选择。大学生需要对自己的价值观进行探索，回答“自己在工作和生活中想要寻求的是什么？”“什么才是对自己最重要的？”等问题。这样，大学生才能在现实与理想发生冲突时，清楚地知道哪些是可以放弃的，哪些是不可或缺的，从而做出更适合自己的抉择。

探索价值观的方法主要有价值观测评、价值观分类卡、价值观拍卖活动和价值观市场活动等。

（一）价值观测评

价值观测评可以通过价值观测评工具（如施恩的职业锚）进行。

（二）价值观分类卡

大学生可以使用“职业价值观分类卡”对自己进行职业价值观的测评。其步骤如下：

（1）列举50项自己觉得重要且常见的价值观，制作成卡片。

（2）根据自己的感觉快速地将50项重要且常见的价值观按“总是重视”“常常重视”“有时重视”“很少重视”“从不重视”进行分类。

注意：在“总是重视”栏目中的卡片不能超过8个；要根据自己的感觉来分类，而不要管别人怎么说，或别人希望你怎么选（因为需要明确的是什么对你最为重要）。

（3）将每个栏目中的卡片排序，把自己感觉最强烈的价值卡片放在顶端，其他依次按重要程度降序排列。

（4）思考自己的价值观对之前的职业抉择是支持、否定、刚好匹配，还是与职业抉择完全无关，并把思考的内容写下来。

拓展阅读

50 项重要且常见的职业价值观

（1）艺术创造性：致力于创造设计，追求美感的享受。

（2）机会均等：能够处于一个公平竞争的环境，能够凭真实能力得到提升和发展。

（3）符合兴趣爱好：工作和自己兴趣相符，能够体验到快乐。

（4）工作稳定性：不喜欢工作频繁变动，不会轻易辞职，也没有被辞退的危险。

（5）崇尚独立：工作有较大的自主性，较少受规则或制度的限制。

（6）前沿领域工作：在科研单位或企业进行研发。

（7）个人发展：工作中能够获得更好的机会和发展。

（8）工作—生活的平衡：工作之余有足够的时间兼顾家庭、个人爱好和社会活动。

（9）信仰：工作环境、内容不违背精神和宗教信仰。

（10）创造性：能独创性地提出新的思想、项目等。

（11）轻松的工作环境：有一个可以开玩笑，充满幽默和乐趣的工作环境。

（12）影响力：能够影响别人，可以改变别人的态度或意见。

（13）有益社会：做那些能够使世界变得更美好的事情。

（14）诚实和正直：重视人与人之间诚实和正直的工作关系。

（15）身体挑战：对身体的力量、速度、灵巧和机敏有要求的工作。

（16）帮助他人：从事的工作可以直接帮助他人。

（17）赏识与认可：工作业绩能得到积极的反馈和大家的肯定。

（18）团队合作：重视良好的团队合作关系，愿意以团队的形式完成工作任务。

（19）环保：做有益于自然环境的工作。

（20）追求成就：追求自我实现，而并非外在物质利益的满足。

（21）竞争：愿意与他人在工作中一比高下，从而获得进步。

（22）福利保障：工作有较高的安全和健康保障。

（23）权力：能够掌控工作进程或工作人员的行为等。

（24）稳定的居所：能够找到一个可以适合自己的居所，并能按照自己希望的那样休闲、学习和工作。

（25）冒险：愿意承担工作风险。

（26）决策力：有权决定方向、政策等的工作。

（27）社会地位：所从事的工作在人们的心目中有较高的社会地位，从而可以使自己和家人得到他人的重视与尊敬。

(28) 友谊：通过工作发展亲密的人际关系。

(29) 快速学习：能够快速掌握新的、独特的工作任务。

(30) 时间自由：能够自由安排工作时间。

(31) 变化：工作内容或环境多变，可以带来新鲜感。

(32) 专业地位：在擅长的领域得到他人的认可，甚至被认为是某些方面的专家。

(33) 社会交往：能和不同的人群交往，喜欢建立比较广泛的社会关系。

(34) 归属感：获得特定的人或组织的认可。

(35) 工作节奏平缓：避免有压力和激烈竞争的工作。

(36) 追求新意：希望工作的内容经常变换，使工作和生活显得丰富多彩，不单调、枯燥。

(37) 同事关系：希望一起工作的大多数同事和领导人品好，相处在一起感到愉快、自然。

(38) 知识性：工作中可以不断获得新知识。

(39) 实用性：工作成果都是实际的、有用的。

(40) 刺激性：工作中经常有新鲜事物或戏剧性的事件发生，从而总是可以体验到刺激。

(41) 挑战难题：在工作中不断有复杂的问题和任务需要解决，排解困难和解决问题是工作的核心内容。

(42) 传统：工作与自我认同、生活习惯不冲突。

(43) 独立工作：独立完成工作，不愿他人介入。

(44) 发挥专长：工作中能使用自己的技能与专业知识。

(45) 高收入：收入能够达到自己的期望，可以购买贵重的物品。

(46) 家庭：工作不影响自己履行家庭责任。

(47) 快节奏：在一个快节奏的环境中工作。

(48) 督导：可以督促、指导别人开展工作，且能够对工作结果负责。

(49) 公司知名度：公司在业内有较高的知名度。

(50) 工作的精确性：按照规程，必须十分小心和精确地关注细节的工作。

(三) 价值观拍卖活动

价值观拍卖活动主要是让大学生思考：在如此多的事物面前，自己到底要的是什么？其活动步骤如下：

(1) 假设你正在参加一次职业价值观的拍卖活动。现在，你手里有 5 000 个生命单位，代表你可以自由投注于职业世界的时间、金钱和精力。请浏览拍卖品清单（见表 2-4），然后决定如何参与竞拍。

（2）所有拍卖物品的底价都是 500 个生命单位，每次加价幅度必须是 100 或 100 的倍数，但不得超过 1 000。

（3）正式开始拍卖前，你有 5 分钟的时间来思考想要购买的拍卖物顺序以及愿意出的最高价格。

（4）活动中的每种物品都由出价最先、最高者购得。

（5）将拍卖结果和自己的反思记录下来。

表 2-4　拍卖品清单

清单内容	预算金额	购得价格	选择（或放弃）原因
有充足的休息时间			
拥有健康			
可以休长假			
工作具有吸引力、受人欢迎			
收入稳定			
有时间照顾家庭			
工作中没有歧视和不公正现象			
符合自己所学专业			
工作中可以做自己喜欢的事情			
具有挑战性			
能获得比较高的社会地位			
工作内容有意义			
有学习的条件，能够督促自己进步			

（四）价值观市场活动

人的价值观是不断变化的。大学生通过价值观市场活动，可以探索和澄清个人价值观，使自己的生涯发展目标逐渐清晰。其活动步骤如下：

（1）价值观选择。请参照价值观列表（见表 2-5），挑选出 5 种对你来说最重要的价值，并分别写在 5 张小纸条上。如果列表中没有你所认为的最重要的价值，也可以另写。

表 2-5　价值观列表

内容	定义举例
高收入	远远高于基本生活所需
声望	人们敬重、对公共事务有发言权
独立性	有做决定的自由，较少被监督和指导
助人	能带给人们健康、教育、福祉

（续表）

内容	定义举例
稳定性	不必担心失业和没收入，不必受大环境的影响
生活安逸	别太辛苦，能兼顾家庭
领导性	能指导和控制事情，能影响别人
人际关系	和谐
自我成长	工作符合个性与兴趣，能展现个人能力，能在工作中获得新知识，促进自我成长
挑战性	工作内容不单调枯燥，需要不断创新，不断解决难题

（2）在另外一张白纸上，为每一条对你来说很重要的价值下定义，即要达到什么样的水平才能满意。不同的人对同一种价值的定义都可能不同。例如，对于“物质保障”的理解，有的人希望月入百万，实现财务自由；有的人希望进入体制内，过上稳定有保障的生活。因此，一定要写出你自己所认为的价值观定义，而不要管他人如何。

（3）现在，如果你不得不放弃其中的一条，你会放弃哪一条？将你准备放弃的价值纸条与他人交换。

（4）保留刚才别人给你的纸条，放在一边。现在，如果不得不继续放弃剩下 4 条中的一条，你会放弃哪一条？再次与其他人交换。

（5）继续下去，直到只剩最后一条，这是否是你无论如何也不愿放弃的价值？

（6）请思考：通过这个活动，你对于自己的价值观有什么样的了解？你的价值观会对你的职业选择和人生产生什么样的影响？其他人的价值观会对你的生活造成什么样的影响？

四、树立正确的职业价值观

（一）职业价值观的影响因素

职业价值观从外部因素而言会受到社会、学校、家庭的影响，从内部因素而言会受到个人的健康、性别、兴趣、性格、能力等的影响。

1. 社会因素

随着改革开放的不断深入，社会的政治、经济、文化都发生了复杂而深刻的变化，经济成分和经济利益多样化，社会生活方式和组织形式多样化，这些变化打破了原有价值观念、利益格局，进而改变了人们旧有的职业价值观念。大学生作为一个极其活跃而敏感的群体，其价值观念更易受社会环境变迁的影响，他们的竞争意识、利益观念和自主观念等都会进入新的价值体系。

2. 学校因素

学校是有目的、有计划地进行教育的场所，尤其以培养高级专业人才、应用型人才为根本任务的教育学校，其教育活动对个体职业价值观的形成和发展影响直接、作用巨大。

3. 家庭因素

家庭是社会的基本单位，是一个人成长成才的第一所学校，是影响大学生职业价值观的最原始、最初级的场所。大学生在与父母的朝夕相处中，就受到父母的谆谆教导，家庭成员尤其是家长的社会背景、经济状况、爱好特长、宗教信仰、个性特征及其人生观、价值观等，无不对子女日后职业方面的观念、态度与行为产生潜移默化的影响。

4. 个人因素

大学生职业价值观的形成除受上述因素影响外，还与其个人因素有关。个人因素包括健康、性别、兴趣、性格、能力等。

（1）健康。健康是任何人职业生涯开始的首要条件，几乎所有的职业都需要有健康的身体，只是不同的职业对身体健康的标准会有不同的要求，如采矿、勘探等职业要求从业者具有良好的身体状况和强健的体魄，精密仪器制造等职业要求从业者具有良好的视力，因此个人的健康状况或影响到大学生的职业选择。

（2）性别。大学生在进行职业选择时，男生首先倾向于那些能较好发挥自己的特长以及有较好工资待遇的职业，而女生则倾向于选择稳定有保障的职业，因此性别差异也会影响到大学生的职业选择。

（3）兴趣。大学生选择什么专业，从事什么职业往往是从兴趣出发的，所以，兴趣是大学生形成职业价值观的前提因素。

（4）性格。职业心理学的研究表明，不同的职业对从业者的性格有不同的要求，同时具有不同性格的人对不同职业的适应性也有所不同。人员的不同性格特征，对企业而言，决定了每个员工的工作岗位和工作业绩；对个人而言，决定着自己的事业能否成功。

（5）能力。能力是一个人能否进入职业岗位、胜任工作的先决条件。个人的能力是影响大学生职业选择的一个重要因素，个人能力的大小对职业定向与职业选择起着筛选和定位作用。

（二）正确对待职业价值观

正确对待职业价值观是指处理好职业价值观与兴趣、特长的关系，职业价值观中个人与社会的关系，职业价值观与名利的关系。

1. 职业价值观与兴趣、特长的关系

职业价值观、个人兴趣和特长是大学生在择业时需要考虑的最重要的 3 个因素。在确定价值观时，一定要考虑它是否与自己的兴趣和特长相适应。据调查，如果一个人从事自己不喜欢的工作，有 80%的人难以取得职业成功；而如果选择了自己喜欢的工作则可以充分调动人的潜能，获得职业发展的源动力。此外，选择一项自己擅长的工作，也会事半功倍。

2. 职业价值观中个人与社会的关系

人不能离开社会而独立存在，个人只有在工作中为社会做贡献才能实现自己的职业价值。因此，要处理好职业价值观中个人与社会的关系。例如，让一名精于科学创造、不善言辞的学者去从事普通的讲师工作，很可能会使国家损失一项重大的科学发明。因此，我们在考虑职业价值观时要兼顾和平衡国家、社会需要以及个人需要。

3. 职业价值观与名利的关系

名利是一种成就的报酬，它需要用正确的价值观来看待。有些大学生在求职时，将名利作为首要考虑因素，从根本上讲这没有问题，但是对于初入职场的毕业生来说，他们所拥有的知识、能力、经验和阅历还不足以使其获得名利。怀有一夜暴富的心理是不健康的，更是危险的，容易被社会上的不法分子所利用，甚至误入歧途。特别是面对严峻的就业形势，大学生更应理性地降低对金钱的期望值，把眼光放远一些，应尽可能地将自我成长和自我实现作为在毕业求职时首要考虑的问题。

知识链接六 自我效能感探索

一、自我效能感的概念

自我效能感的概念最早由美国心理学家班杜拉于 1997 年在其著作《思想和行为的社会基础》中提出。班杜拉认为，自我效能感是指“人们对自身能否利用所拥有的技能去完成某项工作行为的自信程度”。

根据班杜拉的理论，自我效能感包括 3 层含义：

（1）自我效能感是对能否达到某一表现水平的预期，它产生于活动发生之前。

（2）自我效能感是针对某一具体活动的能力知觉，与能力的自我概念是不同的。

（3）自我效能感是对自己能否达到某个目标或特定表现水平的主观判断。当人确信自己有能力进行某一活动，他就会产生高度的自我效能感，并会去进行那一种活动。

自我效能感影响或决定着人们行为的选择，以及对该行为的坚持性和努力程度。自我效能感还可以影响人们的思维模式和情感反应模式，进而影响新行为的习得及其表现。一般来说，自我效能感高的人遇到困难时能够理智处理，乐于迎接挑战，能够控制自暴自弃的想法，并想办法充分发挥出自己的智慧和技能；而自我效能感低的人则容易畏缩不前，在压力面前束手无策或情绪化地处理问题，易受惧怕、恐慌和羞涩的干扰，常常使自己的知识和技能无以发挥。此外，由于不同活动领域之间存在差异性，每个领域所需要的能力、技能也千差万别，因此，一个人在不同的领域中，其自我效能感也是不同的。

二、自我效能感与职业发展

自我效能感对职业发展取向有一定的预测作用。具有较强自我效能感的大学生对于自己的学习能力、实践能力、应变能力都充满了自信，因此对自己以后的职业发展抱有很高的期望值。同时，他们也会对自己严格要求，积极地为就业做准备。而自我效能感差的大学生则普遍对自己将来的职业发展没有进行良好规划，缺乏目标，对就业准备不足，因而更容易在职业发展中受到挫折。大学生应理性分析自己的性格、兴趣、能力，以及所掌握的知识和技能等，建立积极的自我效能感判断，选择正确且适合自己的职业发展方向。

三、提升自我效能感

（一）自我效能感的影响因素

1. 个人的成败经验

个人的成败经验是最强大的自我效能感信息来源。一般来说，成功经验会提高效能期望，反复失败则会降低效能期望。也就是说，一个人的成功经验越多，其知觉到的自我效能感越多。反之，一个人的成功经验越少，其知觉到的自我效能感就越少。例如，试图做到一整天不吸烟而失败的人很容易怀疑自己能否做到未来一整天不吸烟，其自我效能感就低；而已经能够做到一整天不吸烟的人则对再次做到一天不吸烟有足够的信心，其自我效能感就高。

2. 替代性经验

替代性经验是指那些不需要个人本身去经历，而是通过观察其他与自己相似的人在某活动中的行为获得自我行为可能性的认知。替代性经验是一种间接经验，它使个人相信，当自己处于类似的活动情境时，也能获得同样的成就水平。

替代性经验是在观察中习得的。如果个人在观察他人时，发现与自己类似的人在某项任务上得到了成功，观察者的自我效能感会随着提高。如果个人在观察他人时，看到与自己能力相似的人在某项任务中失败，则会降低观察者的自我效能感。

3. 言语劝导

言语劝导是指通过他人的指导、建议、解释及鼓励等来改变个体的自我效能感。个人对自身能力的认知在很大程度上受周围人的评价的影响。因此，当个人总能获得外界的关心和支持时，他的自我效能感就会增强。例如，学生从教师或父母那里经常接收到“你能行”“你可以”等积极的信息，那么，他就容易对自己产生积极的认知，其自我效能感就能够获得提高。

言语劝导必须切合实际。如果说服者的言语劝导与个人的实际相一致，个人的自我效能感就会增强。反之，如果说服者的言语劝导与个人的实际不一致，一开始可能会增强个人的自我效能感，但经过验证后，反而会加剧降低个人的自我效能感。

4. 个人的情绪和生理状态

情绪和心境也是自我效能感的信息来源。当一个人体验到积极的情感时，就有可能产生较高的自我效能感。当一个人总是处于焦虑、情绪低落甚至抑郁的状态，就有可能对自己的能力产生怀疑，导致信心不足，降低自我效能感。

生理状态可以影响人的情绪和认知，继而对自我效能感产生影响。舒适的生理感觉可使一个人感到自信，增强自我效能感；而心跳加速、出汗等不适的生理状况有可能会妨碍个体的行为表现，从而降低自我效能感。

（二）大学生如何提升自我效能感

较高的自我效能感可以使人的生活和工作更为顺利。大学生可以从以下 3 个方面提升自我效能感。

首先，要改变归因的方式。大学生往往会遇到各种各样的困难，如果尝试将问题归结到不容易改变的内部因素（如智力、身高等）上，就容易产生消极情绪，降低自我效能感。如果尝试将问题归结到可以改变的因素（如花费的时间、努力程度等），就会愿意争取下一次的成功，提升自我效能感。例如，当一次考试失败时，把问题归结到“我不够聪明”，消极对待考试结果，就会降低自我效能感，导致下一次考试继续失败的结果。

其次，列举自己的闪光点，肯定自己的进步和突破。很多大学生的自我效能感比较低，不是因为自己的能力不够，而是因为不相信自己，选择性地忽略了自己身上的闪光点，只看到自己的不足而消极地评估了自己的能力。要想改变这种状态，大学生可以在缺乏自我效能感的领域，将自己的闪光点或在弱项上的突破一一列举出来，增强克服困难的信心。大学生还可以在遇到困难时，回想自己曾经在相似的挑战中获得成功的经历，或从其他人身上吸取成功的经验，把相似事件中的自我效能感迁移到需要突破的领域，增强自己完成任务的信心。

第三，用行为塑造的方法，逐渐接近自己的目标，增强成功的体验。成功经历能够提升自我效能感。如果大学生对达成某个目标缺乏足够的信心，可以试着把总体目标分解成多个可以达成的子目标，在不断达成子目标的成功体验当中，逐步积累自我效能感。

案例精选

山田本一的智慧

1984 年，在东京国际马拉松邀请赛中，名不见经传的日本选手山田本一出人意料地夺得了世界冠军。记者问他如何取得这么好的成绩，山田本一说：“凭借智慧战胜对手。”记者认为他是在故弄玄虚，还在报纸上对他挖苦了一番。

1987 年，意大利国际马拉松邀请赛在意大利北部城市米兰举行，山田本一代表日本参加比赛。这一次，他又获得了世界冠军。记者再次采访他，他的回答仍是“凭借智慧战胜对手”，但是这次的记者并没有挖苦他。

10 年后，山田本一在他的自传中解释了众人的疑惑。他写道：“每次比赛之前，我都要乘车把比赛的线路仔细看一遍，并把沿途比较醒目的标志画下来。比如第一个标志是银行，第二个标志是一棵大树，第三个标志是一座红房子……，这样一直画到赛程的终点。比赛开始后，我就以百米冲刺的速度奋力向第一个目标冲去，等到达第一个目标后，我又以同样的速度向第二个目标冲去。四十几千米的赛程，就被我分解成这么几个小目标轻松地跑完了。”

他还写道：“起初，我并不懂这样的道理，常常把自己的目标定在 40 千米以外终点的那面旗帜上，结果我跑到十几千米时就疲惫不堪了。我被前面那段遥远的路程给吓倒了。当目标被清晰地分解了，目标的激励作用就显现了。当我们实现了一个目标的时候，我们就及时地得到了一个正面激励，这对于培养我们挑战目标的信心是非常有效的！”

从这个故事中，我们不难看出目标的重要性以及对于生涯规划的重要意义，很多大学生在大学期间一直非常忙碌，参加各种选修课和社团活动，准备各种考证，却没有清晰的目标，让自己陷入“忙、盲、茫”的状态中。只有当个人树立清晰的职业发展目标，他的生命才会有意义和方向，这也是人生中最珍贵的财富之一。

探索活动

探索活动一　《MBTI》职业性格测试

测试题目

你在答题时，不必对每道题多加考虑，只需要按你的第一感觉选出一个答案即可。

（1）我倾向从何处得到动力和信心：

A．别人

B．我自己的想法

（2）当我参加一个社交聚会时，我一般是这样的状态：

A．夜色越深越有劲，一旦我开始投入，也许就是最晚离开的那一个

B．在夜晚开始的时候，我就疲倦了，并且想回家

（3）下列哪一种听起来比较吸引人：

A．与我的恋人到有很多人且社交活动频繁的地方

B．待在家中与我的恋人做一些特别的事情，例如，观赏一部有趣的录像带并享用最爱的食物

（4）在约会中，我通常：

A．整体来说比较健谈

B．较安静并保留意见，直到我觉得准备好了，才开始说话

（5）过去，我遇见大部分恋人是：

A．在公众场合，如学习工作上、休闲活动中，或朋友把他们的朋友介绍给我

B．透过私人的方式，例如婚恋网站、网络聊天，或由亲密的朋友和家人介绍

（6）我倾向拥有：

A．很多认识的人和很亲密的朋友

B．一些很亲密的朋友和一些认识的人

（7）过去，我的恋人常对我说：

A．你难道不可以安静一下吗

B．你能从自己的世界里面走出来一下吗

（8）我倾向依据以下内容形成脑海中的概念

A．我对有可能发生之事的想象和期望

B．我对目前状况的实际认知

（9）在我做分析的时候，首先能意识到的是：

A．我的直觉

B．我直接的观察和现成的经验

（10）在我自己的人际关系中，我一般是这样处理的：

A．经常联络，因为永远有进步的空间

B．若它没有被破坏，别修补它

（11）当我在约会觉得放松时，我倾向谈论：

A．未来，关于改进或发明事物，和生活的种种可能性。例如，我也许会谈论一个新的科学发明，或一个更好的方法来表达我的感受

B．实际的，具体的，关于“此时此地”的事物。例如，我也许会在餐后谈论品酒的好方法，或我即将要参加的新奇旅程

（12）我是这种人：

A．先看整个大局面

B．先掌握细节

（13）在我内心深处，我认为：

A．与其活在不完美的现实中，我选择活在我的精神世界里

B．与其活在虚无缥缈的精神世界里，我选择活在现实中

（14）我通常：

A．偏向于去想象一大堆关于即将来临的约会的事情

B．偏向于拘谨地想象即将来临的约会，只期待让它自然地发生

（15）我倾向如此做决定：

A．首先依我的心意，然后依我的逻辑

B．首先依我的逻辑，然后依我的心意

（16）我比较能够察觉到以下时刻：

A．当人们需要情感上的支持时

B．当人们不合逻辑时

（17）当自己和某人分手时：

A．我的情绪深陷其中，很难抽身而出

B．虽然我觉得很受伤，但一旦下定决心，我会直截了当地将过去恋人的影子甩开

（18）当与一个人交往时，我倾向评量

A．情感上的兼容性：表达爱意和对另一半的需求很敏感

B．智能上的兼容性：沟通重要的想法，客观地讨论和辩论事情

（19）当我不同意我恋人的想法时：

A．我尽可能地避免伤害对方的感受；若是会对对方造成伤害的话，我就不会说

B．我通常很直接，毫无保留地把事实和我的逻辑告诉对方，因为对的就是对的

（20）认识我的人通常形容我为：

A．热情和敏感

B．逻辑和明确

（21）我认为自己和很多人的相遇是：

A．随意的，友善的及重要的

B．经过思考的，或多或少有一定目的性

（22）若我有时间和金钱，我的朋友邀请我到国外度假，并且在一天前才通知，我会：

A．必须先检查我的时间表

B．立即收拾行装

（23）在第一次约会中：

A．若我所约的人来迟了，我心里会很不高兴

B．即使所约的人来迟了，我一点都不放在心里

（24）我偏好：

A．事先知道约会的行程：要去哪里、有谁参加、我会在哪里多久、该如何打扮

B．让约会自然地发生，不做太多的计划

（25）我期待的生活包含着：

A．科学合理的安排和有毅力的执行

B．没有什么压力，所有事情自然发生和时间弹性很大

（26）以下哪一项较为常见：

A．我先入会场而其他人随后来到

B．大部分人先到会场而我后到

（27）我是这样的人：

A．快刀斩乱麻，很快下定决心并做出最后肯定的结论

B．放开我的选择，并且继续收集信息，这样结果会更准确和深刻

（28）我是这类型的人：

A．喜欢在一段时间里专心于一件事情直到完成

B．喜欢同时进行好几件事情

测试结果

第一组：（1）～（7）题：A 对应“E”，B 对应“I”。

第二组：（8）～（14）题：A 对应“N”，B 对应“S”。

第三组：（15）～（21）题：A 对应“F”，B 对应“T”。

第四组：（22）～（28）题：A 对应“J”，B 对应“P”。

测试类型

每一组出现最多的字母代表测试者最强的偏好，当它们合并起来时，将决定测试者的典型性格特征。

1．ISTJ

（1）严肃、安静、可被信赖。

（2）行事务实、有序、实际，有逻辑性。

（3）乐于做任何事，工作、居家、生活均有良好的组织及秩序。

（4）负责任。

（5）按照设定成效来做出决策且不畏阻挠与闲言，会坚定为之。

（6）重视传统与忠诚。

（7）传统性的思考者。

2．ISFJ

（1）安静、和善、负责任且有良心。

（2）行事尽责投入。

（3）安定性高，是项目工作或团体之安定力量。

（4）愿投入、吃苦，力求精确。

（5）兴趣通常不在于科技方面，对细节事务有耐心。

（6）忠诚、考虑周到、知性且会关切他人感受。

（7）致力于创建有序及和谐的工作与家庭环境。

3．INFJ

（1）因坚忍、创意及必须达成的意图而能成功。

（2）会在工作中投注最大的努力。

（3）默默地、诚挚地、用心地关切他人。

（4）因坚守原则而受敬重。

（5）提出造福大众利益的明确远景而为人所尊敬与追随。

（6）追求创见、关系及物质财物的意义及关联。

（7）想了解什么能激励别人，对他人具洞察力。

（8）光明正大且坚信其价值观。

（9）有组织且果断地履行其愿景。

4．INTJ

（1）固执顽固者——具强大动力与本意来达成目的与创意。

（2）有宏大的愿景且能快速在众多外界事件中找出有意义的模范。

（3）有能力圆满完成分内工作。

（4）具怀疑心、挑剔性、独立性，果决，对专业水准及绩效要求高。

5．ISTP

（1）冷静旁观者——安静，预留余地和弹性，会以无偏见的好奇心进行未预期的原始的观察与分析。

（2）对探索技术事件原因、效果、如何运作感兴趣，能使用逻辑的原理组构事实，重视效能。

（3）擅长挖掘问题核心及找出解决方式。

（4）分析成事的缘由，且能实时从大量资料中找出实际问题的核心。

6．ISFP

（1）羞怯的、安宁和善的、敏感的、亲切的，且行事谦虚。

（2）喜于避开争论，不对他人强加己见或自己的价值观。

（3）无意于做领导，常是忠诚的追随者。

（4）办事不急躁，安于现状。

（5）喜欢有自由的空间，依照自订的时程办事。

7．INFP

（1）安静的观察者，具理想性，对其价值观及重要的人忠诚。

（2）希望生活形态与内在价值观相吻合。

（3）具好奇心，且很快能看出机会所在，常进行开发创意。

（4）适应力高且承受力强。
（5）具有想了解和发展他人潜能的意图，想做的事情太多且做事能全神贯注。
（6）对所处境遇及所拥有的不太在意。
（7）具适应力，做事有弹性，除非价值观受到威胁。

8．INTP

（1）安静、自持，极具适应力。
（2）特别喜爱追求理论与科学。
（3）问题解决者——习惯以逻辑及分析来解决问题。
（4）对创意事务及特定工作充满兴趣，对聚会与闲聊无大的兴趣。
（5）追求可发挥个人强烈兴趣的生涯。
（6）追求对有兴趣的事务进行逻辑上的解释。

9．ESTP

（1）解决问题者——擅长现场、实时解决问题。
（2）喜欢办事并乐于其中。
（3）喜好技术事务及运动，喜欢结交好友。
（4）具适应性、容忍度、务实性。
（5）不喜欢冗长概念的解释及理论。
（6）精于可操作、处理、分解或组合的真实事务。

10．ESFP

（1）外向、和善、乐于分享。
（2）喜欢与他人一起行动。
（3）会热烈参与事件的发展。
（4）擅长人际关系，能立即适应他人与环境。
（5）是生命、人、物质享受的热爱者。

11．ENFP

（1）充满热情、活力充沛，聪明并富于想象力，希望得到他人的肯定与支持。
（2）几乎能达成所有自己感兴趣的事。
（3）对难题很快就有对策，并能对有困难的人施以援手。
（4）具备改善的能力，做事无须做规划准备。
（5）为达到目的，常能找出强制自己为之的理由。
（6）即兴执行者。

12．ENTP

（1）反应快、聪明，长于多样事务。
（2）能够激励伙伴，直言不讳。

（3）会对问题的两面性加以争辩。

（4）对解决新的或挑战性的问题富有策略，但会忽视或厌烦经常的任务与细节。

（5）兴趣多元，易转移兴趣。

（6）对所想要的会有技巧地找出逻辑和理由。

（7）长于看清楚他人，用智慧解决新的或有挑战的问题。

13．ESTJ

（1）务实、真实，具技术天分。

（2）不喜欢抽象理论，喜欢所学能立即运用于事理。

（3）喜好组织与管理活动，且专注以最有效率的方式行事以达至成效。

（4）优秀行政者——具决断力，关注细节且很快能做出决策。

（5）会忽略他人感受。

（6）喜作领导者或企业主管。

（7）做事风格比较偏向于权威指挥性。

14．ESFJ

（1）天生的合作者及活跃的组织成员——诚挚、爱说话、合作性高、受欢迎、光明正大。

（2）重和谐且长于创造和谐。

（3）常做对他人有益的事务。

（4）给予其鼓励和称许，会有更好的工作成效。

（5）对能够影响人们生活的事务感兴趣。

（6）喜欢与他人共事，能精确且准时地完成工作。

15．ENFJ

（1）热忱、敏感和负责任，具有能鼓励他人的领导风格。

（2）对别人所想或所要求的能够表达真正的关切，且切实用心去处理。

（3）能怡然且充满技巧性地带领团体讨论或演示文稿提案。

（4）爱交际、受欢迎、富同情心。

（5）对别人的称赞及批评很在意。

（6）喜欢引领他人，且能使他人或团体发挥潜能。

16．ENTJ

（1）坦诚、具决策力的活动领导者。

（2）有执行力，能够解决组织的问题。

（3）擅于发表具有内涵或智慧的讲话，如对公众演讲。

（4）乐于吸收新知识，且能广开信息通道。

（5）易过度自信，热衷于表达自己创见。

（6）擅长做长期策划及进行目标设定。

探索活动二　《霍兰德职业兴趣量表》

本测试没有时间限制，但请你尽快按要求完成。

第一部分：你心目中的理想职业或专业

对于未来的职业或专业，你得提早考虑。它可能很抽象、很朦胧，也可能很具体、很清晰。不论是哪种情况，现在都请你把自己最想做的三种工作或最想读的三种专业，按顺序写下来。

第二部分：你所感兴趣的活动

下面列举了若干种活动，请就这些活动判断你的好恶。喜欢的，请在“是”一栏里打√；不喜欢的，请在“否”一栏里打√。

表 2-6　你所感兴趣的活动

活动类型	活动内容	是	否
R：现实型活动	（1）装配、修理电器或玩具		
	（2）修理自行车		
	（3）用木头做东西		
	（4）开汽车或摩托车		
	（5）用机器做东西		
	（6）参加木工技术学习班		
	（7）参加制图描图学习班		
	（8）驾驶卡车或拖拉机		
	（9）参加机械和电气学习班		
	（10）装配修理机器		
I：研究型活动	（1）读科技图书或杂志		
	（2）在实验室工作		
	（3）改良水果品种，培育新的水果		
	（4）调查了解土和金属等物质的成分		
	（5）研究自己选择的特殊问题		
	（6）解算术或数学游戏		
	（7）物理课		
	（8）化学课		
	（9）几何课		
	（10）生物课		

（续表）

活动类型	活动内容	是	否
A：艺术型活动	（1）素描/制图或绘画		
	（2）参加话剧戏剧		
	（3）设计家具/布置室内		
	（4）练习乐器/参加乐队		
	（5）欣赏音乐或戏剧		
	（6）看小说/读剧本		
	（7）从事摄影创作		
	（8）写诗或吟诗		
	（9）进艺术（美术/音乐）培训班		
	（10）练习书法		
S：社会型活动	（1）学校或单位组织的正式活动		
	（2）参加某个社会团体或俱乐部活动		
	（3）帮助别人解决困难		
	（4）照顾儿童		
	（5）出席晚会、联欢会、茶话会		
	（6）和大家一起出去郊游		
	（7）想获得关于心理学方面的知识		
	（8）参加讲座或辩论会		
	（9）观看或参加体育比赛和运动会		
	（10）结交新朋友		
E：企业型活动	（1）鼓动他人		
	（2）卖东西		
	（3）谈论政治		
	（4）制订计划、参加会议		
	（5）以自己的意志影响别人的行为		
	（6）在社会团体中担任职务		
	（7）检查与评价别人的工作		
	（8）结交名流		
	（9）指导有某种目标的团体		
	（10）参与政治活动		
C：传统型活动	（1）整理好桌面与房间		
	（2）抄写文件和信件		
	（3）为领导写报告或公务信函		
	（4）检查个人收支情况		

（续表）

活动类型	活动内容	是	否
C：传统型活动	（5）打字培训班		
	（6）参加算盘、文秘等实务培训		
	（7）参加商业会计培训班		
	（8）参加情报处理培训班		
	（9）整理信件、报告、记录等		
	（10）写商业贸易信		

第三部分：你所擅长获胜的活动

下面列举若干种活动，请选择你能做或大概能做的事。能做的，请在“是”一栏里打√；不能做的，请在“否”一栏里打√。

表 2-7　你所擅长获胜的活动

能力类型	内容	是	否
R：现实型能力	（1）能使用电锯、电钻和锉刀等木工工具		
	（2）知道万用电表的使用方法		
	（3）能够修理自行车或其他机械		
	（4）能够使用电钻订、磨床或缝纫机		
	（5）能给家具和木制品刷漆		
	（6）能看建筑设计图		
	（7）能够修理简单的电气用品		
	（8）能修理家具		
	（9）能修理收录机		
	（10）能简单地修理水管		
I：研究型能力	（1）懂得真空管或晶体管的作用		
	（2）能够列举 3 种含蛋白质多的食品		
	（3）理解铀的裂变		
	（4）能用计算尺、计算器、对数表		
	（5）会使用显微镜		
	（6）能找到三个星座		
	（7）能独立进行调查研究		
	（8）能解释简单的化学知识		
	（9）能理解人造卫星为什么不坠落		
	（10）经常参加学术会议		

（续表）

能力类型	内容	是	否
A：艺术型能力	（1）能演奏乐器		
	（2）能参加二部或四部合唱		
	（3）独唱或独奏		
	（4）扮演剧中角色		
	（5）能创作简单的乐曲		
	（6）会跳舞		
	（7）能绘画、素描或书法		
	（8）能雕刻、剪纸或泥塑		
	（9）能设计板报、服装或家具		
	（10）能写一手好文章		
S：社会型能力	（1）有向各种人说明解释的能力		
	（2）常参加社会福利活动		
	（3）能和大家一起友好地工作		
	（4）善于与年长者相处		
	（5）会邀请人、招待人		
	（6）能简单易懂地教育儿童		
	（7）能安排会议、晚会等活动顺序		
	（8）善于体察人心和帮助他人		
	（9）帮助护理病人和伤员		
	（10）安排社团组织的各种事务		
E：企业型能力	（1）担任过学生干部并且干得不错		
	（2）工作上能指导和监督他人		
	（3）做事充满活力和热情		
	（4）有效利用自身的做法调动他人		
	（5）销售能力强		
	（6）曾作为俱乐部或社团的负责人		
	（7）向领导提出建议或反映意见		
	（8）有开创事业的能力		
	（9）知道怎样做能成为一个优秀的领导者		
	（10）健谈善辩		

（续表）

能力类型	内容	是	否
C：传统型能力	（1）会熟练地打印中文		
	（2）会用外文打字机或复印机		
	（3）能快速记笔记和抄写文章		
	（4）善于整理保管文件和资料		
	（5）善于从事事务性的工作		
	（6）会用算盘		
	（7）能在短时间内分类和处理大量文件		
	（8）能使用计算机		
	（9）能搜集数据		
	（10）善于为自己或集体做财务预算表		

第四部分：你所喜欢的职业

下面列举了多种职业，请认真地看，选择你有兴趣的职业，在“是”一栏里打√；不太喜欢或不关心的职业，在“否”一栏里打√。

表 2-8　你所喜欢的职业

职业类型	职业	是	否
R：现实型职业	（1）飞机机械师		
	（2）野生动物专家		
	（3）汽车维修工		
	（4）木匠		
	（5）测量工程师		
	（6）无线电报务员		
	（7）园艺师		
	（8）长途公共汽车司机		
	（9）电工		
I：研究型职业	（1）气象学或天文学者		
	（2）生物学者		
	（3）医学实验室的技术人员		
	（4）人类学者		
	（5）动物学者		
	（6）化学家		

（续表）

职业类型	职业	是	否
I：研究型职业	（7）数学家		
	（8）科学杂志的编辑或作家		
	（9）地质学者		
	（10）物理学者		
A：艺术型职业	（1）乐队指挥		
	（2）演奏家		
	（3）作家		
	（4）摄影家		
	（5）记者		
	（6）画家、书法家		
	（7）歌唱家		
	（8）作曲家		
	（9）电影、电视演员		
S：社会型职业	（1）街道、工会或妇联干部		
	（2）小学、中学教师		
	（3）精神病医生		
	（4）婚姻介绍所工作人员		
	（5）体育教练		
	（6）福利机构负责人		
	（7）心理咨询员		
	（8）共青团干部		
	（9）导游		
	（10）国家机关工作人员		
E：企业型职业	（1）厂长		
	（2）电视片编制人		
	（3）公司经理		
	（4）销售员		
	（5）不动产推销员		
	（6）广告部长		
	（7）体育活动主办者		
	（8）销售部长		
	（9）个体工商业者		
	（10）企业管理咨询人员		

（续表）

职业类型	职业	是	否
C：传统型职业	（1）会计师		
	（2）银行出纳员		
	（3）税收管理员		
	（4）计算机操作员		
	（5）簿记人员		
	（6）成本核算员		
	（7）文书档案管理员		
	（8）打字员		
	（9）法庭书记员		
	（10）人口普查登记员		

第五部分：你的能力类型简评

（1）请将第二部分至第四部分的全部测试中，选择“是”的项目每个计 1 分，选择“否”的项目不计分。

（2）将 6 种职业倾向的得分进行统计，填入表 2-9 中。

表 2-9　能力类型评价表

测试部分	R 型	I 型	A 型	S 型	E 型	C 型
第二部分						
第三部分						
第四部分						
总分						

（3）请将 6 种职业倾向的得分按大小顺序，从左到右排列，并将得分最高的职业倾向圈出来。

（4）对照第六部分的内容，判断自己适合的职业类型。

第六部分：霍兰德职业索引——职业兴趣代码与其相应的职业对照表

R（现实型）：木匠、农民、操作 X 光的技师、工程师、飞机机械师、鱼类和野生动物专家、自动化技师、机械工（车工、钳工等）、电工、无线电报务员、火车司机、长途汽车司机、公共汽车司机、机械制图员、机器修理师、电器师。

I（研究型）：气象学者、生物学者、天文学者、药剂师、动物学者、化学家、科学报刊编辑、地质学者、植物学者、物理学者、数学家、实验员、科研人员、科技作者。

A（艺术型）：室内装饰专家、图书管理专家、摄影师、音乐教师、作家、演员、记者、诗人、作曲家、编剧、雕刻家、漫画家。

S（社会型）：社会学者、导游、福利机构工作者、咨询人员、社会工作者、社会科学教师、学校领导、公共保健护士。

E（企业型）：推销员、进货员、商品批发员、旅馆经理、饭店经理、广告宣传员、调度员、律师、政治家、零售商。

C（传统型）：记账员、会计、银行出纳、法庭速记员、成本估算员、税务员、核算员、打字员、办公室职员、统计员、计算机操作员、秘书。

下面介绍与霍兰德代码对应的职业类型，对照的方法如下：首先根据代码，在下表中找出相应的职业。例如，若代码是RIA，那么适合该代码兴趣类型的职业是牙科技术人员、陶工等，然后可以寻找与该代码相近代码的职业。例如，若代码是RIA，那么由这三个字母组合成的其他编号（如IRA、IAR、ARI等）对应的职业，也较适合该代码对应的兴趣类型。

RIA：牙科技术员、陶工、建筑设计员、模型工、细木工、链条制作人员。

RIS：厨师、林务员、跳水员、潜水员、染色员、电器修理工、眼镜制作员、电工、纺织机器装配工、服务员、装玻璃工人、发电厂工人、焊接工。

RIE：建筑和桥梁工程、环境工程、航空工程、公路工程、电力工程、信号工程、电话工程、一般机械工程、自动工程、矿业工程、海洋工程、交通工程技术人员、制图员、家政经济人员、计量员、农民、农场工人、农业机械操作员、清洁工、无线电修理工、汽车修理工、手表修理工、管工、线路装配工、工具仓库管理员。

RIC：船上工作人员、接待员、杂志保管员、牙医助手、制帽工、磨坊工、石匠、机器制造工、机车（火车头）制造工、农业机器装配工、汽车装配工、缝纫机装配工、钟表装配和检验员、电动器具装配工、鞋匠、锁匠、货物检验员、电梯机修工、托儿所所长、钢琴调音员、装配工、印刷工、建筑钢铁工、卡车司机。

RAI：手工雕刻、玻璃雕刻、制作模型人员、家具木工、制作皮革品人员、手工绣花人员、手工钩针纺织人员、排字工作者、印刷工作者、图画雕刻人员、装订工。

RSE：消防员、交通巡警、警察、门卫、理发师、房间清洁工、屠夫、锻工、开凿工人、管道安装工、出租汽车驾驶员、货物搬运工、送报员、勘探员、娱乐场所服务员、起卸机操作工、灭害虫者、电梯操作工、厨房助手。

RSI：纺织工、编织工、农业学校教师、某些职业课程教师（如艺术、商业、技术、工艺课程等）、雨衣上胶工。

REC：抄表员、保姆、实验室动物饲养员、动物管理员。

REI：轮船船长、航海领航员、大副、试管实验员。

RES：旅馆服务员、家畜饲养员、渔民、渔网修补工、水手、收割机操作工、搬运行李工人、公园服务员、救生员、登山导游、火车工程技术员、建筑工作者、铺轨工人。

RCI：测量员、勘测员、仪表操作者、农业工程技术员、化学工程技师、民用工程技师、石油工程技师、资料室管理员、探矿工、煅烧工、矿工、保养工、磨床工、取样工、样品检验员、纺纱工、漂洗工、电焊工、锯木工、刨床工、制帽工、手工缝纫工、油漆工、染色工、按摩工、木匠、电影放映员、勘测员助手。

RCS：公共汽车驾驶员、游泳池服务员、裁缝、建筑工作者、石匠、烟囱修建工、混凝土工、电话修理工、爆炸手、邮递员、矿工、裱糊工人、纺纱工。

RCE：打井工、吊车驾驶员、农场工人、邮件分类员、铲车司机、拖拉机司机。

IAS：经济学家、心理学家、哲学家、内科医生、数学家。

IAR：人类学家、天文学家、化学家、物理学家、医学病理学家、动物标本剥制者、化石修复者、艺术品管理者。

ISE：营养学家、饮食顾问、火灾检查员、邮政服务检查员。

ISC：侦察员、电视播音室修理员、电视修理服务员、验尸室人员、医学实验定技师、调查研究者。

ISR：水生生物学者，昆虫学者、微生物学家、配镜师、细菌学家、牙科医生、骨科医生。

ISA：心理学家、皮肤病专家、精神病学家、妇产科医师、眼科医生、五官科医生、医学实验室技术专家、民航医务人员、护士。

IES：细菌学家、生理学家、化学专家、地质专家、地理物理学专家、纺织技术专家、医院药剂师、工业药剂师、药房营业员。

IEC：档案保管员、保险统计员。

ICR：质量检验技术员、地质学技师、工程师、法官、图书馆技术辅导员、计算机操作员、医院听诊员、家禽检查员。

IRA：地理学家、地质学家、矿物学家、古生物学家、石油学家、地震学家、物理学家、气象学家、设计审核员、人口统计学家、数学统计学家、外科医生、城市规划家、气象员。

IRS：物理学家、农业科学家、动物学家、食品科学家、园艺学家、植物学家、细菌学家、解剖学家、病理学家、药物学家、化学家、生物学家、临床化学家、遗传学家、质量控制工程师、地理学家、兽医、放射性治疗技师。

IRE：化验员、化学工程师、纺织工程师、食品技师、渔业技术专家、材料和测试工程师、电气工程师、土木工程师、航空工程师、行政官员、冶金专家、原子核工程师、陶瓷工程师、地质工程师、电力工程师、口腔科医生。

IRC：飞机领航员、飞行员、物理实验室技师、文献检查员、农业技术专家、油管检查员、矿藏安全检查员、纺织品检验员、照相机修理者、工程技术员、程序编码人员、工具设计者、仪器维修工。

CRI：簿记员、会计、记时员、打字员、操作工。

CRS：仓库保管员、档案管理员、缝纫工、讲述员、收银员。

CRE：实验室工作者、管理员、电动机装配工、缝纫机操作工。

CIS：记账员、服务员、报刊发行员、土地测量员、保险公司职员、会计师、估价员、邮政检查员、外贸检查员。

CIE：打字员、统计员、订货员、校对员、办公室工作人员。

CIR：校对员、工程检修员。

CSE：接待员、通讯员、电话接线员、卖票员、旅馆服务员、私人职员、旅游办事员。

CSR：运货代理商、铁路职员、交通检查员、办公室通信员、簿记员、出纳员、银行财务职员。

CSA：秘书、图书管理员、办公室工作员。

CER：邮递员、数据分析员、办公室工作员。

CEI：推销员、经济学家。

CES：银行会计、记账员、法人秘书、速记员、法院报告人。

ECI：银行行长、审计员、信用管理员、地产管理员、商业管理员。

ECS：保险人员、各类进货员、海关服务经理、售货员、会计。

ERI：建筑物管理员、农场管理员、护士长。

ERS：仓库管理员、房屋管理员、货栈监督管理员。

ERC：邮政局长、渔船船长、机械操作领班、木工领班、瓦工领班、驾驶员领班。

EIR：科学技术类期刊编辑、管理人员。

EIC：专利代理人、鉴定人、运输服务检查员、安全检查员、废品收购人员。

EIS：警官、侦察员、交通检验员、安全咨询员、合同管理者、商人。

EAS：法官、律师、公证人。

EAR：展览室管理员、舞台管理员、播音员、驯兽师。

ESC：理发师、裁判员、政府行政管理员、财政管理员、工程管理员、职业病防治、售货员、商业经理、办公室主任、人事负责人、调度员。

ESR：售货员、公共汽车的驾驶员、护士长。

ESI：博物馆管理员、图书馆管理员、古迹管理员、餐饮业经理、地区安全服务管理员、技术服务咨询者、超级市场管理员、零售店店员、批发商、出租汽车服务站调度员。

ESA：博物馆馆长、报刊管理员、音乐器材销售员、导游、（轮船或班机上的）事务长、飞机上的服务员、船员、法官、律师。

ASE：戏剧导演、舞蹈教师、广告撰稿人，报刊、专栏作者、记者、演员、英语翻译。

ASI：音乐教师、乐器教师、美术教师、乐队指挥、歌星、演奏家、哲学家、作家、广告经理、时装模特。

AER：新闻摄影师、电视摄影师、艺术指导、录音指导、丑角演员、魔术师、木偶戏演员、骑士、跳水员。

AEI：音乐指挥、舞台指导、电影导演。

AES：流行歌手、舞蹈演员、电影导演、广播节目主持人、舞蹈教师、口技表演者、喜剧演员、模特。

AIS：画家、剧作家、编辑、评论家、时装艺术大师、新闻摄影师、文学作者。

AIE：花匠、工业产品设计师、剪影艺术家、复制雕刻品大师。

AIR：建筑师、画家、摄影师、绘图员、雕刻家、包装设计师、陶器设计师、绣花工、漫画家。

SEC：社会活动家、退伍军人服务官员、工商会事务代表、教育咨询者、宿舍管理员、旅馆经理、饮食服务管理员。

SER：体育教练、运动员。

SEI：大学校长、学院院长、医院行政管理员、历史学家、职业学校教师。

SEA：客户服务者、宗教工作者。

SCE：福利机构职员、环境卫生管理人员、戏院经理、餐馆经理、售票员。

SRI：外科医师助手、医院服务员。

SRE：体育教师、体育教练、专业运动员、警察。

SRC：护理员、医院勤杂工、理发师。

SIA：社会学家、心理学家、大学教师、成人教育教师。

SIE：营养学家、美食家、海关检查员、安全检查员、税务稽查员。

SIC：描图员、兽医助手、诊所助理、体检员。

SIR：理疗员、救护队工作人员、医生、职业病治疗助手。

探索活动三　兴趣岛测试——你适合什么职业

恭喜你！你获得了一次免费度假旅游的机会，有机会去下面 6 个岛屿中的一个，唯一的要求是你必须在这个岛屿上待至少半年的时间。请不要考虑其他因素，仅凭你的兴趣找出你最向往的 3 个岛屿。

岛屿 A：美丽浪漫的岛屿。岛上到处都是美术馆、音乐厅、街头雕塑和街边艺人，弥漫着浓厚的艺术文化气息。当地的居民有很强的艺术、创新和直觉能力，他们保留了传统的舞蹈、音乐和绘画，许多文艺界的朋友都喜欢来这里寻找灵感。

岛屿 C：井然有序的岛屿。岛上建筑十分现代化，是现代的都市形态，具有完善的户政管理、地政管理、金融管理。岛民个性冷静保守，做事有条不紊，精于组织策划，细心高效。

岛屿 R：自然原始的岛屿。岛上保留有原始森林，自然生态保持得很好，有各种各样的野生动物。岛上居民的生活状态还相当原始，他们以手工见长，自己种植瓜果蔬菜、修缮房屋、打造器物、制作工具，还喜欢户外活动。

岛屿 S：友善亲切的岛屿。岛上居民个性温和、友善，乐于助人，各社区共同组成一个密切互动的服务网络，人们重视互助合作和教育，关怀他人，岛上充满人文气息。

岛屿 I：深思冥想的岛屿。岛上人迹较少，建筑物多僻处一隅，平畴绿野，适合夜观天象，岛上有多个天文馆及科学图书馆等。岛上居民喜好观察、学习、探究、分析，崇尚和追求真知，常有机会和来自各地的哲学家、科学家、心理学家等交换心得。

岛屿 E：显赫富庶的岛屿。岛上的居民善于企业经营和贸易，能言善道，以口才见长。岛上经济高度发达，处处是高级饭店、俱乐部、高尔夫球场。来往者多是企业家、经理人、政治家、律师等，这里曾数次召开财富论坛和各行业的巅峰会议。

请回答下列问题：

（1）你首选做哪个岛上的居民？对什么工作会产生浓厚的兴趣？

（2）归纳你首选岛屿的主题与关键词：______________________。

（3）你的霍兰德代码是________________________________，与此相关的职业有：____。

说明：这 6 个岛屿实际上代表霍兰德提出的 6 种职业兴趣类型。你找出的自己最有兴趣的前三个类型即你的霍兰德代码，参考霍兰德职业索引（见探索活动二），可找出相对应的职业名称。

（4）假如可以从事你感兴趣的职业，你会呈现出怎样的状态？

（5）周围人中是谁最先看到你的这种状态？她（他）看到你时，你正在做些什么？又对你说过些什么话？

（6）从事这种职业的愿望和信心很强是 10 分，相反为 0 分，目前你为自己打几分？若想提高 1 分，你会做些什么？

课外实践

课外实践一　天生我才——学会欣赏自己

（1）请认真思考，写下最欣赏自己的 7 个方面。

我最欣赏自己的外表是______________________________

我最欣赏自己对朋友的态度是______________________________

我最欣赏自己对学习的态度是______________________________

我最欣赏自己的一次成功是______________________________

我最欣赏自己的性格是______________________________

我最欣赏自己对家人的态度是______________________________

我最欣赏自己做事的态度是______________________________

（2）结合以上材料和个人的生活、学习实际，写一篇探索自我性格、兴趣类型与职业发展的短文。

课外实践二　生涯刻度尺

活动目的

通过以生涯刻度为主题的体验活动，引导大学生对人生进行思考，提高自我认识能力。

材料准备

自制带有刻度的拇指宽的纸条（见图 2-8）。

10 岁	20 岁	30 岁	40 岁	50 岁	60 岁	70 岁	80 岁	90 岁	100 岁

图 2-8

活动流程

假设纸条上的数字对应 10～100 岁的年龄，让我们来玩撕纸游戏。

（1）请问你现在几岁？

自己在现在年龄对应的位置画线，并撕掉已经度过的时间区域，然后思考过去生命中最重要的事，用一个词语概括出来写在上面，请和同伴或朋友分享这段生命刻度里的词语。（学会珍视人生中的每一次经历，学会用积极的态度看待人生）

（2）请问你觉得自己能活到多少岁？

预测自己生命结束的时间，在生命刻度上画线并撕掉之后的长度，预想自己的“墓志铭”，写在撕掉的纸条上，并和同伴或朋友自己的“墓志铭”。（增强对人生的感悟，认识人生历程的意义）

（3）请问一天 24 小时你是如何分配的？

一般睡觉时间是 8 小时，占了 1/3；吃饭、休息、聊天、发呆、看电视、上网等又占了 1/3；剩下的 1/3 是自己学习、工作的时间。将剩下的纸条分成三等分，撕下其中的 2/3，最后留在手里的是自己可以把握的奋斗时间。（思考自己的时间分配，学会珍惜时间）

（4）请问你现在有何感想？与同伴或朋友交流自己的感悟。

（5）请问你如何看待你的未来？与同伴或朋友交流对未来的期待和自己的理想。

活动总结

（1）一个人最宝贵的就是时间、生命和健康，通过此次体验思考应该如何安排自己的时间，怎样才能更好地去把握时间。

（2）将最后撕剩下的这段小纸条与另外两段进行对比，激发内心的紧迫感，强调规划意识的重要性。

模块三

职业认知

学习目标

◈ 了解职业种类、职业发展趋势和基本职业素质

◈ 掌握职业环境分析和职业探索的方法

◈ 认识到职业探索和职业认知对职业生涯规划的重要性

引导案例

择业前先要了解职业

小李是一名大二学生，就读于某理工类院校的环境监测与治理技术专业。她入学时发现该专业鲜有女生报考，为了增加自己的就业优势，小李努力学习，并准备考取相关职业技能证书。小李的兴趣很广泛。她喜欢英语，已经通过了英语四级考试，准备大三继续报考英语六级考试。她英语口语不错，也比较喜欢和孩子们打交道，曾在一家英语幼教机构做过兼职。她对人文、历史都很感兴趣，还喜欢旅游。她还加入了学校的各种社团，组织和参加了多项活动，周围的人都认为她热情、有亲和力、善良和富有同情心。

小李的学习成绩不错，综合能力也比较强，但她却对自己的职业发展充满困惑，大四之后将面临实习与就业，她不知道自己能否找到工作，也不知道该选择专业对口的工作，还是选择自己感兴趣的工作。她对职业一无所知。

知识链接

知识链接一　职业概述

一、职业及其种类

（一）职业的概念

职业的出现是人类社会分工的结果。随着社会的不断发展，社会分工越来越细化，并根据不同的社会需求形成了不同的职业类别，职业的类别、内部构成与外部关系也随之越来越丰富。对职业概念的界定，国内外学者众说纷纭。

从词义学的角度来看，“职业”一词是由“职”与“业”二字构成。“职”包含了社会职责、天职、权利与义务的意思；“业”则包含了业务、事业、事情、独特性工作的意思，

有的学者则用"职是责任、业是业务"来反映"职业"一词的内涵。

《辞海》对"职业"词条作出了以下解释：职业是一种相对稳定的劳动和工作，是获得经济收入的主要来源，并具有一定的差异性和层次性。

美国学者舒尔兹认为，职业是一个人为了不断取得个人收入尤其是维持生计而从事的、具有市场价值的连续特殊活动，是为同时实现社会联系和自我价值而进行的持续的活动方式。

有学者认为，职业是指从业人员为获取主要的生活来源所从事的社会工作类别，它是劳动者参与社会经济活动的直接体现。也有学者认为，职业是指人们在社会生活中所从事的能够获得物质报酬作为自己的主要生活来源，并能满足自己精神需求及社会分工的工作，是对特征相同或相似的一类工作的统称。

现代社会，人们对职业的认识更加深刻，认为职业不同于工作，它更多地是指一种事业，包括以下 4 个方面的含义：

（1）与人类的需求和职业结构相关，强调社会分工。

（2）与职业的内在属性相关，强调利用专业知识和技能。

（3）与社会伦理相关，强调创造物质财富和精神财富。

（4）与个人生活相关，强调能作为物质生活来源，并满足精神生活。

综上所述，职业是人类社会发展到一定阶段出现社会分工后的产物，它综合反映人们的生活方式、经济状况、文化水平、行为模式和思想情操等内容，也是一个人的权利、义务及职责的体现，是具体个体的社会地位的一般性表征。在社会需求的推动下，新的职业不断产生，而社会不再需要的职业自然消亡。在现代科学技术和知识经济条件下，职业分工越来越细，一些科技含量高的现代职业将迅速发展，与此同时对从业者的任职要求也越来越高。因此，当代大学生要善于把握知识经济时代的就业机会，择业时不仅要考虑个人职业发展机会，更要关注社会需求趋势的变化。

（二）我国职业的种类

《中华人民共和国职业分类大典》（以下简称《大典》）是我国第一部具有国家标准性质的职业分类大全。《大典》参照国际标准职业，从我国实际出发，按照工作性质同一性的基本原则，对我国社会职业进行了科学划分和归类，全面客观地反映了现阶段我国社会的职业结构状况，填补了我国职业分类的空白。

《大典》以《中华人民共和国劳动法》中有关"国家确定职业分类，对规定的职业制定职业技能标准，实行职业资格证书制度"的相关规定为依据，由劳动和社会保障部、国家质量监督检验检疫总局、国家统计局联合组织编制。中共中央、国务院的 50 多个部门及有关研究机构、大专院校和部分企业的近千名专家学者参与了编制工作。

《大典》编制工作于 1995 年初启动，历时 4 年，1999 年初通过审定，1999 年 5 月正式颁布。2010 年逐步启动了各个行业的修订工作。2015 年 7 月 29 日，国家职业分类大典修订工作委员会召开全体会议审议、表决通过并颁布了新修订的《中华人民共和国职业分类大典》。

2015 年版《大典》中职业分类结构为 8 个大类、75 个中类、434 个小类、1 481 个职业。与 1999 年版相比，维持 8 个大类、增加 9 个中类和 21 个小类，减少 547 个职业。

第一大类：国家机关、党群组织、企业、事业单位负责人；

第二大类：专业技术人员；

第三大类：办事人员和有关人员；

第四大类：商业、服务业人员；

第五大类：农、林、牧、渔、水利业生产人员；

第六大类：生产、运输设备操作人员及有关人员；

第七大类：军人；

第八大类：不便分类的其他从业人员。

二、职业发展趋势

（一）职业发展特点

1. 职业的专业性提高

越来越多的技术岗位，需要受过良好教育、掌握最新技术的技术工人，单纯的体力劳动或机械操作类职业将明显减少。在发达国家，从事管理工作的白领员工的失业率高于制造业中的蓝领工人；而白领员工中从事服务性工作员工的失业率又明显高于从事开发和研究工作的员工。未来职业的分工会越来越细，专业性会越来越强，科技含量会越来越高。

2. 职业要求不断更新

越来越多的职业，因新的工作设备和职业环境变化，增加了新的职业要求。如行政工作人员，以前只要求具备较好的组织协调能力，分析问题、解决问题能力，文字能力，口头表达能力等。但现在除要求具备上述能力以外，还要求具备社会交往能力、办公软件操作能力等。

3. 永久性职业减少

未来只有少数人能拥有“永久性”的工作，而从事计时、计件或临时性职业的人会越来越多。

（二）职业发展趋势分析

1. 社会职业种类越来越多

随着社会分工的发展和职业的分化，现代职业已远远超过“三百六十行”，据有关资料介绍，大约在 20 世纪 70 年代，全世界职业种类就超过 42 000 种，目前则更多。

2．社会职业结构变迁的速度越来越快

从农业革命到工业革命经历了数千年，而从工业革命到新的产业革命才经历了 200 多年。在这 200 多年里，不断出现新的行业，且行业的主次地位的变化也越来越快。工业革命时期，处于重要地位的是纺织业。进入 20 世纪，钢铁、汽车和建筑业先后超过纺织业，但是它们随后又被电子行业所超越。电子行业从产生、发展到成为一个主要行业，只用了几十年时间。

最受年轻人喜爱的新兴职业

3．脑力劳动者职位占比例越来越大

据有关资料介绍，1960 年美国的脑力劳动者占就业总数的 43.3%，1997 年上升至 51.4%，在我国，脑力劳动者和专业技术人员占就业总数的比重也在不断增大。

4．劳动岗位的地域空间越来越小，行业特征愈加淡化

同类岗位在不同地域都会存在，行业间的互相依赖、融合程度不断提高，使得同类岗位的地域集中度愈加密集，相互依赖的行业趋于同一，行业特征愈加隐化。

以上职业发展趋势使劳动岗位的要求越来越高，尤其是对大学生非专业综合素质的要求越来越高。

（三）未来的热门职业预测

《美国新闻和世界报道》的专家对未来社会的职业发展趋势进行了预测，并提出了未来世界的 20 个主导行业：执法、法律、信息服务、社会工作、医疗服务、公共服务、金融、技工、电信业、工程技术、科学研究、销售、医学、传媒、教育、咨询业、广告业、艺术、娱乐、工程学。

据专家估计，我国未来热门职业将朝着以下方向发展：网络信息咨询与服务类职业，如网上购物、商业信息服务、广告媒体服务、技术信息咨询与服务等职业；房地产开发类职业，如房地产开发、咨询、销售业务、物业管理、租借、二手房转让等职业；社会保险类职业；家用汽车制造及相关职业，如汽车配件、维修及相关的技术产品生产相关职业；邮政与电信类职业，如电话、手机、传真机及通信服务的相关职业；老年医疗保健类职业，如老年人保养品、药品、生活必需品、社区服务等相关的职业；妇女儿童用品生产与销售类职业，如妇女儿童服装、化妆品、洗涤用品的生产与销售类职业；旅游休闲及相关职业；建筑与装潢类职业、餐饮、娱乐与服务类职业。还有专家预测未来我国社会声望最高的职业有管理咨询师、电信人才、软件工程师、国际公务员、培训师、注册会计师等。

三、职业素质

（一）职业素质的概念

职业素质是指劳动者在一定的生理和心理条件的基础上，通过教育、劳动实践和自我

修养等途径形成和发展起来的、在职业活动中发挥作用的一种基本品质，具体表现为职业道德、职业技能、职业情感、职业习惯等。职业素质是个人适应现代社会生产力发展，从事职业活动所必备的素质，具有职业性、稳定性、内在性、整体性和发展性的特征。

（二）基本职业素质

职业素质包括专业素质和从事任何职业都必须具备的基本职业素质两个方面。一般而言，各类职业对于从业者的基本职业素质要求是不变的。下面重点介绍基本职业素质的主要内容。

1. 优秀的道德品质

道德品质是社会道德现象在个体身上的反映，是一定的道德原则和道德规范在个体的思想和行为中的体现，是个体在实现其社会化过程中所表现出来的稳定的特征和倾向。优秀的道德品质是“作为一切社会关系的总和”的人所必须具备的素质。对从业者而言，不管他将来要从事什么职业，优秀的道德品质必然是其第一张“通行证”。

2. 扎实的专业技能

所谓专业技能，是指从事某一职业所必需的专业理论知识和实践操作能力。例如，中文系学生应具备较多的文学知识，可以写一手漂亮的文章；计算机系的学生要对计算机的研究领域非常熟悉，自身也应具有一定的开发潜能等。

3. 健康的身体素质

身体素质通常指人体肌肉活动的基本能力，是人体各器官系统的机能在工作中的综合反映。身体素质是其他各种素质赖以存在和发展的基础。正如约翰•洛克在《教育漫话》中所言：“我们要能工作，要有幸福，必须先有健康；我们要能忍耐劳苦，要在世界上做个人物，也必须先有强健的体格，这种种道理都很明显，用不着任何证明。”

4. 良好的心理素质

心理素质是指一个人在心理过程和个性心理特征方面所表现出的本质特征。心理素质是人的整个精神活动的基础，影响和制约着人的各方面素质的发展。在充满竞争意识的当代社会，各种职业对劳动者的心理素质越来越重视。

5. 广泛的交际能力

人际交往是人类基本的社会性需求。正如荀子所言：“人之生也，不能无群。”人总是作为社会关系的总和而存在，所以对于绝大多数的人而言，人际交往的成败在很大程度上决定着我们的事业成败。

6. 强烈的竞争和创新意识

社会主义市场经济将竞争机制引入社会的各行各业，因此，新时代的职业素质包括从业者必须具有强烈的竞争意识，学会在竞争中求生存，在竞争中求发展。同时，社会主义现代化建设各项事业的兴旺发达，需要一大批具有开拓进取、勇于创新的从业者。

7. 一专多能的素质

新技术革命带动新工艺、新产品、新部门不断出现，社会主义市场经济体制的发展和完善引起社会各部门发生巨大变化，这都要求从业者不断地进行适应性流动，不断地适应市场的需求。社会发展给职业发展带来的新变化要求从业者具备一专多能的职业素质。

8. 利用信息的能力

信息能力包括信息采集、分析、存储、加工、运用、交流能力，是衡量国民素质高低的重要尺度之一。信息能力在一定程度上决定了一个人社会财富的多少和社会地位的高低。同时，随着网络化的实现，通过网络来开发信息资源将成为主流，而网络中运行的正是信息，因而对信息的开发、占有、控制、使用就成为未来社会各职业的核心，所以个人利用信息的能力就显得格外重要。

四、职业理想

职业理想是人生理想的重要组成部分，是人们在职业上依据社会需求和个体条件，借助想象而确立的奋斗目标，即个人对未来职业的向往与追求。职业理想是人们对职业活动和职业成就的超前反映，与人的世界观、人生观、价值观、职业期待和职业目标密切相关。职业理想是实现生活理想、道德理想和社会理想的手段，但受社会理想的制约。

人类个体在社会环境和教育的影响下，随着知识水平和兴趣爱好的发展，会逐步培养起对某种职业的爱好，并在此基础上形成一定的职业理想。职业理想具有初级、中级和高级 3 个层次：

（1）初级层次。所谓初级层次即工作的目的是为了维持自己和家庭的生活，具有普遍性。每一个健康的人，随着年龄的增长，知识的增多，都会有这样的职业理想。

（2）中级层次。中级层次即工作的目的是通过特定的职业发挥自己的特长，施展个人的才智。由于人们的爱好各异，中级层次职业理想表现出因人而异的多样性。

（3）高级层次。高级层次即工作的目的是承担社会义务，通过社会分工把自己的职业同他人、社会、人类的发展联系起来。

一般来说，职业理想的层次越高，就越能发挥个人的主观能动性和创造性，其对社会的贡献就越大。职业理想 3 个层次的内容和要求虽然有明显的不同，但在一个人身上可以同时并存。对于同一个人，其工作的目的可以是谋求生存、发展个性和服务社会三者并存。社会主义道德建设要求肯定前两个层次的职业理想，鼓励和提倡人们树立高层次的职业理想。

崇高的社会理想对社会、对个人都有着极其重要的指导和促进作用。它是我国民族团结、共同奋斗的精神力量，是每一个人的精神支柱。青年时期是学生形成人生观、世界观的重要阶段，也是孕育人生理想的关键时期。在大学阶段，学会“做什么人”“为什么学”“走什么路”，是大学生面临的重要人生课题。大学生只有树立崇高社会理想，明确职业理想，有清晰的生活理想和道德理想，才会有人生的奋斗目标，才能提高人的精神境界，才能有不断前进的动力，才能最终达到人生成功的彼岸。

知识链接二　职业环境分析

一、影响职业定位的环境因素

环境对人的影响非常大，认清楚自己所处的环境，对大学生的职业发展有着重要意义。影响大学生职业定位的环境因素主要包括 3 个方面：家庭环境、职业信息和社会环境。

（一）家庭环境

1. 家庭环境的内容

家庭环境主要包括家庭的住所、周边环境、社区关系、家庭经济状况和家庭生活方式等。

（1）住所：家庭住所的大小、构造、区位和装潢等代表着家庭的经济状况、社会地位、成就等，从中也能看出家庭的生活方式、文化背景及价值观等，综合体现家庭环境。

（2）周边环境：包括硬件环境与软件环境两方面。硬件环境主要指的是环境设施（区位、空气、噪音、交通和周边设施等）；软件环境包括社会阶层、文化网络、价值观、犯罪率与邻里关系等。

（3）社区关系：家庭如果能与社区建立良好关系，就可以充分运用社会支持网络，在必要时，较容易得到社区的资源，也有较多回馈社区的机会，如果家庭很少与外界联络，则可能难以运用社区的资源。

（4）家庭经济状况：包括主要经济来源、年均收入、人均收入、年均开支、消费内容、年度积累、消费观念和经济目标等。

（5）家庭生活方式：包括家庭生活周期、家庭生活事件、主要生活方式、家庭健康观念、自我保健及利用卫生资源的方法途径等。

2. 家庭环境的影响

家庭环境是影响大学生职业定位的重要因素，一方面，每个人性格的养成都离不开家庭的影响；另一方面，作为家庭的一员，大学生在做出自己职业选择的时候，不得不考虑家庭的意见及实际情况。

家庭是社会的基础细胞，父母是子女的启蒙老师。家庭的教育方式、家长的价值观点都深刻地影响着大学生的就业心理：家庭教育方式塑造了大学生的性格，父母立场的不确定使大学生在择业时有所顾虑。

一方面，大学生在就业时，其性格影响其心态。例如，成长于民主型家庭的大学生就业时往往自信、乐观，敢于面对挑战；成长于宠爱型家庭的大学生在严格的就业局势眼前易悲观、无助、手足无措或盲目自大，依赖于家长的辅助。另一方面，父母对子女就业的态度，对大学生的择业心态也有很大影响。例如，有的父母希望子女留在身边，有的父母不愿子女到民营或个体企业就业等。

案例精选

关于两个家庭的思考

在美国，有两个家族都已经繁衍了八代子孙，他们的家族历史几乎和美国历史一样长。

第一个家族的始祖是200年前康涅狄格州德高望重的哲学家嘉纳塞•爱德华。由于他重视子女的教育，以身作则，并代代相传，他的八代子孙中共出了1位副总统、1位外交官、13位大学院长、103位大学教授、60位医生、20多个议员。

第二个家族的始祖是200年前纽约州的马克斯•莱克。他是个臭名昭著的赌鬼加酒鬼。他开设赌馆，对子女教育不闻不问。在他的八代子孙中，有7个杀人犯、65个盗窃犯、324个乞丐，因狂饮死亡或致残的达400多人。

从这两个家族的历史中，我们可以发现：家庭是子女的“第一所学校”，潜移默化的家庭教育将直接影响子女的前途和命运。同时，家庭状况同一个人的职业生涯有着紧密联系，在很大程度上会影响一个人的职业生涯规划和未来的职业选择。

（二）职业信息

大学生选择职业的原则是择己所爱，择己所长，择世所需，择己所利。这些原则所揭示的就是职业信息：这是一份你热爱的工作；对这份工作你能够胜任，并做得比别人好；你做的事情是对社会有用的；这份工作能助你成功。职业不是一个空洞的概念，它是具体的，能具体到一所厂房、一份薪资、一个团队、一张笑脸等。大学生需要了解的职业信息主要包括以下内容。

1. 目标职业

目标职业是指个体所想从事的职业名称，如护士、会计、教师等。当今社会，行业分工非常细，不同职业需要不同的专业人才，很多职业为此还设置了相应的准入条件。例如，做教师必须有教师资格证，从事护理工作必须有护师资格证等。大学生选择目标职业，大多与专业有关，经过几年的大学学习，大学生能够掌握相应的专业技能，并取得相关职业资格证书，这就是大学生的优势所在。擅用长处是大学生择业的重要原则。

2. 工作内容

确定目标职业后，接着要了解的就是具体的工作内容。

职业是一个大的分类，每一种职业包含很多工作，一个人可能只能胜任其中的一种工作。大学生应该了解职业所包括的工作内容，只有了解了工作内容，才知道自己应该做什么准备，喜不喜欢这个职业，能不能胜任这份工作。有的同学走上工作岗位后，才发现自己对该工作没有丝毫兴趣，无法做出业绩，这就是对工作内容没有事先了解所致。工作内容是影响大学生职业喜好的重要因素。

大学生了解工作内容的途径主要有以下几种：① 向学长和老师咨询；② 借助媒体；③ 见习和实习；④ 职业体验；⑤ 职业生涯人物访谈。

3. 工作环境

工作环境是指工作所依存的地方，是大学生职业定位的重要因素之一。大学生需要了解的工作环境主要包括以下内容。

1）交通情况

对于绝大多数人来讲，距离决定了每天上下班所用的时间，决定了真正投入一份工作的时间。交通系统不完善对人们的出行造成一定的影响，如通勤时间过长，交通换乘太费周折等。

2）人际环境

和谐的人际环境是指同事间团结、互助、协作、热情、友爱的人际氛围，这样的工作氛围能够让新员工很快融入团队并产生归属感，从而激发其工作热情，继而有效地开展工作。

3）单位设施条件

企业为员工创设安全、稳定、宽松、舒适的工作环境，员工就会爱惜自己的工作环境、珍惜自己的工作机会，更忠诚、更高效地完成工作，为企业创造更多的财富。

4. 能力需求

胜任能力是职业对每一个职业人的必然需求。大学生想要从事某一项职业，必须要了解该职业的岗位职责和能力需求，努力提升自己的职业技能。职业能力是一个人在职场的立身之本。

5. 发展前景

大学生应该有自己的职业追求，关注职业的发展前景。职业的发展前景包括以下几个方面：一是职业技能的完善，大学生就业不仅是一个工作的过程，也是一个学习的过程，只有不断完善自己的职业技能，职业生涯才有发展的可能；二是工作职位的晋升空间，职位是对一个人工作能力的认可，可以带给人成功感、满足感；三是薪资的提升，薪资是人们提高生活质量的必需品。

对职场新人来说，过于追求高薪资、高待遇是不合适的。收入是能力的体现，职场新人的能力还有待提高，在能力不够的情况下去要求薪资，很难得到满意的结果。这时应该主动学习、提升自己，一旦能力够了，薪资自然水涨船高。

6. 团队

好的企业都非常重视团队建设，而团队的建设方针体现了一个企业的文化内涵，放眼世界，苹果、微软等国际著名企业，它们都有自己独特的企业文化，并据以吸引人才、管理企业、制订销售策略。可以说，当今社会，企业文化着决定一个企业的成败。大学生在求职时，应该了解企业的团队建设方针，比较团队价值观与自我价值观的差别，权衡得失。如果想要得到这份工作，应该主动去适应团队，及时做出改变。

（三）社会环境

人是社会性动物，社会中的个体难免会受到社会环境的影响。影响就业心理的社会环境因素包括社会客观环境、社会心理环境和社会发展环境。

1．社会客观环境

社会客观环境是指由政策设置、经济状况所形成的就业社会氛围。就业环境对毕业生择业的影响作用是多方面的，有些是直接的、现实的，有些则是间接的、潜在的，有些是积极的、正面的，有些则是消极的、负面的。就业环境是一种社会存在。毕业生在择业前正确认识并分析自己所处的就业环境，寻找有利因素，避免不利因素，有助于帮助毕业生制订出符合社会实际的择业目标。

1）政策环境

大学生就业政策是国家为实现一定时期的路线、方针而制定的高层次人力资源配置的行动准则，体现了一定时期社会发展的需要，是大学生就业过程中所应遵循的基本规范。我国大学生就业制度经历了一个不断发展和改革的过程，有关的政策也做过相应的调整。不同历史阶段有着不同的政策内容，政策体现着一定的导向性、调控性和约束性。现在正在运行的毕业生就业制度，是在国家就业方针、政策指导下，毕业生和用人单位双向选择的制度。

虽然毕业生有自主择业的权利，但并不是说，就业政策就失去了导向、调控、约束的功能。用人单位也有自主用工的权利，因此毕业生自主择业不是毕业生的一厢情愿或随心所欲。双向选择是选择与被选择的关系，是主客体的辩证统一，选择的双方不是谁必须服从谁的问题，而是双方在相互满足对方需要的基础上而达成的一种契约关系。因此，双向选择体现毕业生就业中的更本质的关系。既然是契约关系，就摆脱不了政策的导向、调控和约束。例如，发达地区和中心城市的进入控制政策、吸引人才的政策，都将对毕业生择业产生重要的制约作用。而且还要看到，有些约束性的政策不是在择业期才体现出来的，而是在招生时和培养过程中就形成的一种契约关系，如对委托培养生、定向培养生及享受专业奖学金的学生的政策等，直接制约着择业者的择业行为。

除大学生就业政策的直接影响外，劳动人事制度中诸如人才流动、工资、公务员制度等，以及社会职业结构调整的有关政策，都会对大学生择业产生直接或间接的影响。

2）经济环境

一个国家、一个地区在一定时期内的经济状况直接影响其劳动就业状况。大学生选择职业时，不可避免地要受到当时的社会经济状况的影响。从整个国家范围来说，经济的发展和科学技术的进步、劳动生产率的提高、职业变化速度的加快、就业岗位的增加，都是极为相关的因素。从一个国家的区域性经济发展状况来说，由于其不平衡性，往往使经济发展速度快的地区成为大学生择业的热点。目前，我国经济增长方式的转变和经济结构的调整以及科教兴国和可持续发展两大战略的实施，对大学生就业的影响已经显现出来。

社会经济状况直接反映到职业的经济地位和行业的经济状况上。例如，近几年 IT 产业发展迅速，在国民经济中的地位直线上升，对从业人员的需求大幅上升，对从业人员的要求也明显提高。通常学校的专业、课程调整与社会需求的变化并不同步，学校针对社会需求的调适往往是滞后甚至错位的，这就要求大学生在认识客观经济环境对就业的直接影响的同时，充分发挥主观能动性，克服客观环境的不利因素，主动适应社会需要。

案例精选

立足家乡搞创业

李姚生长在浙江省丽水市莲都区峰源乡库坑村，这里如今已经成了中老年人的天下，所以李姚这位“95 后”姑娘格外显眼。不仅因为年轻，也因为她是个小有名气的创业者。一年来，她拥有了一个 2 000 多人的朋友圈、一大批忠实客户，平均每天有五六百元的营业额。每天她都会在朋友圈里叫卖家乡的土特产：“鸭蛋明天就去捡啦，还要的亲现在快下订单哦，数量有限！”

2014 年，库坑村的旅游产业迎来了春天。村里创建 3A 级景区化示范村，民宿、泳池、接待中心等配套设施也纷纷落地。看到家乡的兴旺，李姚立即辞去杭州的工作，回家乡创业。李姚对村里的土猪、鸡鸭、香菇等土特产的品质特别自信，她希望这些能成为旅游产品。在与游客交谈的过程中，李姚向他们推销起了村里放养的鸡鸭、散养的土猪、新鲜的蔬菜、可口的香菇及各式各样的干货。游客们对这个能说会道的“95 后”姑娘很感兴趣，有的加她为微信好友，有的帮她一起宣传，300 人、500 人、800 人……，不多久，一个顾客小圈子便形成了。

后来，李姚创办了“瑶瑶高山农产品”，做起了“微商”。她将村民家里各式各样的土货加以“包装”，然后再拍照、配字，统一推送。库坑村距市区有 60 多千米，李姚便每周三次开车到市区送货，记录客户反馈，不断改进。她从经营茭白干开始，得到客户认可后又将经营范围扩大，现在鲜香菇、笋干、千层糕及原生态家禽都已成为她的招牌商品。村民有需要销售的农产品，都会跑去找李姚，多到几百斤的香菇，少到几个鸡蛋，她都能找到买家，而且还会卖个好价钱。

现在的李姚正打算在甜品行业大展拳脚，她早已熟悉了各种蛋糕、布丁、西米露、糯米糍、蛋包饭的做法。她打算开一家集乡村土货和各式点心为一体的综合小店。

资料来源：人民网，http://cpc.people.com.cn/n1/2016/0825/c405916-28666013.html

3）就业环境

随着高校毕业生数量的逐年增加，大学生面临的就业竞争愈加激烈、就业形势日益严峻。

（1）就业结构的重大变化。随着工业化进程和经济结构调整步伐的加快，我国的就业结构发生了巨大变化并日趋合理。这些变化包括：产业结构发生重大变化，非农产业比重超过农业；传统行业的就业机会减少，新兴行业则增多；随着国家和集体单位从业人员的不断减少，就业的所有制结构发生了巨大变化；女性就业结构明显变化。

未来十年，我国的就业结构还会发生重大变化，将呈现以下特点：① 第三产业成为增加就业的主要部门；② 非公有制经济成为吸纳就业的重要渠道；③ 劳动力逐渐向资本、技术密集型行业聚集。

（2）大学生面临的就业形势。近年来，全国高校毕业生人数屡创新高，其就业形势却不容乐观，主要表现在以下几个方面：① 毕业生数量大幅增长；② 我国经济发展新增的就业岗位极其有限；③ 应届毕业生不受青睐；④ 热门专业人才过剩；⑤ 就业机会不均等。

2．社会心理环境

社会心理一般反映的是人们的日常意识，是指一定时期内人们普遍流行的精神状态，包括人们的要求、愿望、情感、情绪、习惯、道德风尚、审美情趣等。传统的就业观念和现时流行的就业意识形成了影响大学生就业的社会心理环境，包括社会时尚、父母及亲友的意见、老师的参谋作用、传统的性别观念等。

1）社会时尚

社会时尚就是在社会中流行一时的风气或风尚，它是一种非常规的集体行为模式。时尚在人们生活中是非常广泛的。它可以发生在人们日常生活最普遍的领域，如衣着、服饰等方面；也可以发生在人们参与社会活动的接触交往中，如语言、娱乐等方面；还有的发生在社会意识形态方面，以影响人们的社会心理方式表现出来，如政治、道德、教育等方面。

社会时尚具有时髦性、广泛性等特点，其对大学生择业的影响是不可忽视的，如大学生择业中出现过的大城市热、合资企业热、“孔雀东南飞”、公务员热、考研热等现象，就是受社会时尚的影响所致。

时尚对人们的正负面影响，会造成行为结果的不同。健康的时尚，会激发人们的责任感和使命感，形成正向行为导向；非健康或带有偏见的时尚，会造成人们思想意识的偏狭和行为取向的偏差，使大学生在择业中易于形成从众、攀比、自卑等灰色心理倾向和采取盲动的行为。

2）父母及亲友的意见

由于我国传统观念的积淀，子女与父母之间往往存在依赖与被依赖、控制与被控制的关系。受不同家庭情况的影响，大学生在择业中的表现也不尽相同：有的学生缺乏自主的勇气，依赖于父母的经验，选择什么样的职业岗位由父母作主；有的父母怕子女缺乏经验，生活阅历浅，控制子女的择业行为，不允许其自己作主；有的父母支持和鼓励子女主动选择，自己作主，并提供参考意见。这几种方式，对大学生择业所产生的影响是不同的。除参考父母意见外，也有的大学生征求较有影响力的亲友的意见，根据其认同与否来决定自己的择业去向。

3）老师的参谋作用

老师是学生的引导者，其意见会对学生的择业意向和择业行为产生重要的影响。当然，老师的意见不能完全摆脱个人主观的色彩，而且不同的老师具有不同的职业价值观，其对学生择业的影响也存在一定的差别。

4）性别差异

男女性别的差异，导致男女的劳动能力有一定的差别，这是客观事实。正因如此，才要求人职合理匹配。对于女大学生来说，除了某些具有特殊要求的职业岗位外，应当说具有广泛的职业适应领域。但是，仍有两种情况对女大学生的择业心理和择业行为产生不良影响：有的女大学生择业范围狭窄，对有些可以适应的职业岗位有畏难情绪，有“不如男同学”的心理定式；有的用人单位从本部门利益出发，不愿意接收女大学生，这就给女大学生造成了一定的心理压力。

大学生虽然在择业问题上受社会影响较大，但影响就业与择业的关键仍在自身。因此，大学生应确立主体意识，养成科学的思维方式，不人云亦云，应对自身条件和社会需要做出判断，摆脱对父母的依赖关系，逐渐树立自主、自立、自助、自择等适应市场经济的新观念。作为女大学生，也应变压力为动力，增强自信心，努力提高自身素质，主动迎接挑战。当然，政府和社会在舆论导向及对女大学生就业的保障机制的建立等方面，也应做出更大的努力。

3．社会发展环境

改革与社会发展为毕业生就业创造了更广阔的舞台。目前，毕业生的就业心理趋于成熟和理性，毕业生择业的躁动、盲目、灰色心理现象有所减少，这与社会发展所创造的就业环境有着极为密切的关系。

1）人才流动新环境打破了终身制的传统就业环境

为了激活人事管理制度，促进人才的合理有序流动，20 世纪 80 年代初国务院下发了《关于科技人员合理流动的通知》等规范性文件，肯定了人才招聘与应聘等人才流动方式。随着人才流动的日益活跃，为了规范人才流动的管理，国家有关部门先后出台了有关人才招聘、辞职、辞退和流动人员档案管理的相关政策。为了给人才择业和单位择人提供服务，1984 年国家劳动人事部成立了人才流动服务中心，并开始推动各地建立人才流动机构。截至 1996 年底，全国共有各类人才流动机构 4 000 多个。以政府人事部门所属人才交流机构为主导、以民办人才中介组织为补充的人才流动体系已初步形成。上述机构通过收集、整理、贮存和发布人才供求信息，为各类人才和用人单位提供信息咨询服务，开展转岗技术、技能的培训，进行流动人员档案办理、工资调整、专业技术职务评审，为人才的兼职、技术开发、技术服务等提供社会化服务。根据人才流动的需要，相关机构还开展了人事代理、人事争议仲裁等人事代理工作。

2）重视人才、构筑人才高地的环境正在形成

知识经济作为新的经济形式已初见端倪，重视人才资本、货币资本和物质资本已成为社会各阶层的共识，学习型社会、学习型组织的氛围正在形成。国家采取有力措施加快人才培养的速度，提高人才培养质量，并鼓励各地市积极吸引人才、合理使用人才、有效开发人才资源。发达地区制订了 21 世纪人才发展规划，构筑人才高地，降低门槛，积极引进人才，取消了城市增容费等一些阻碍人才引进的不合理收费项目，设立风险投资，鼓励大学生和各方面的有用之才大胆创业。有些地区专门为毕业生创业设立创业资助专项资金，并制定了一系列优惠政策，引导和支持更多的毕业生去立业创业。西部地区虽然在吸引人才方面有自己的不足，但除了积极引进人才的政策外，还提出了“不求所有、但求所用、来去自由”的灵活措施。有些地区就制约和影响毕业生就业的户籍制度等问题进行尝试性的改革，从深层次逐步建立起人才服务体系。

当然，重视人才的环境形成的同时，重视人才质量的环境也日趋形成。在一些地区，不仅是用人单位会对毕业生提出职业要求，政府部门也相继出台了人才引进政策，并对引进的人才提出了相应要求。随着科学技术水平的提高，重视人才质量已成为国家行政部门、企事业单位乃至全社会的共识，同时这也是国际化的趋势。

大学生作为人力资源中最具有活力并掌握现代科学文化知识的群体，顺利、合理地就业，对于发挥他们的聪明才智，最大限度地发挥人才效益，并且对于经济建设和社会发展都将起到重要的作用。因此，大学生应充分认识就业环境对就业的影响，树立终身学习、勇于创新、奋发图强、竞争进取和成才意识，使自己成为不仅能就业而且能创业的人才。

课堂讨论

在当前的就业环境下，什么样的心态更有利于就业？

二、人职匹配

个体之间的差异是普遍存在的，每个人都有自己的个性特征，而每一种职业由于其工作性质、环境、条件、方式的不同，对工作者的能力、知识、技能、性格、气质、心理素质等有不同的要求。进行职业决策（如选拔、安置、职业指导）时，就要根据一个人的个性特征来选择与之相对应的职业种类，即进行人职匹配。如果匹配得好，个人的特征与职业环境协调一致，则工作效率和职业成功的可能性就大为提高。反之工作效率

和职业成功的可能性就很低。因此，对于组织和个体来说，进行恰当的人职匹配具有非常重要的意义。

进行人职匹配的前提之一是必须对人的个体的特性有充分的了解和掌握，而人才测评是了解个体特征的最有效方法。所以人职匹配理论是现代人才测评的理论基础。其中最有影响的是“特质因素论”（即帕森斯的特质因素论，详见模块一）和“人格类型论”（即霍兰德的职业兴趣类型理论，详见模块一）。

案例精选

勇于挑战的王欣

在中央电视台的《绝对挑战》节目中，贵州小伙王欣将人众人拓展培训师职位和一万元奖金全部收入囊中，经过考验的王欣终于找到了工作与兴趣的最佳结合点，而为了今天这个完美结局他付出了长期的努力，甚至把自己逼到了“悬崖”边上，险些“四大皆空”。

王欣，2001 年毕业于南京航空航天大学，所学专业是航空电器。大学毕业后他当了好几年的电子工程师，由于对工作没兴趣，他工作中常常走神。技术工作需要绝对的耐心和踏实，要整天看着机器，经常一周都说不上几句话，这对外向、希望与人交往的王欣来说太煎熬了，到了休息日他感觉自己的语言能力都退化了，话都说不利落了。这样压抑的工作环境使他难以专心工作，一次在工作中他把电容的正负两极接错了，使得电容内部爆炸。

王欣决定忠于自己的兴趣转行，准备应聘人众人公司的拓展培训师。拓展培训师开放式的工作环境、需要多与人接触的工作性质使他一见钟情，他暗暗发誓一定要得到这份工作。他幸运地通过了第一次面试和二次淘汰后，需要到北京进行最后一轮的竞争，但当时他刚在一家法国公司站住脚，公司绝对不可能给他这么长的假期，也就意味着想要竞争这个职位就要放弃现在待遇不菲的工作，去竞争一个不一定能成功的职位，也许会赔了夫人又折兵，是安于现状选择使生活有所保障的职业？还是铤而走险辞职到北京一搏？对兴趣的渴望胜过了一切，王欣毅然选择了后者，并获得了成功。

航空电器与拓展教练本是两个风马牛不相及的职位，都说跳槽时两个行业不能离得太远，不然会摔得很惨，但王欣完成了一次成功跳跃，终于把职业与兴趣统一，找到了最合适的切合点，找到了自己的风向标。

资料来源：豆丁网，https://www.docin.com/p-229304368.html

知识链接三　职业探索

一、探索目标职业世界

（一）探索职业

探索职业的过程是大学生对自己喜欢或要从事的职业进行理论分析和实际调研的过程，目的是充分了解目标职业，从而有效地规划在校生活。

1. 职业描述

职业描述即定义这个职业的内涵，是对职业最精炼的概括和总结，是透彻理解职业和调研职业的基础，具体包括描述职业的名称和社会各界对此职业的定义等。除了一些最新的职业，外界一般都会对各职业有固定的定义，在查找时可以参照联合国国际劳工组织的《职业展望手册》、中国人力资源和社会保障部颁布的《中华人民共和国职业分类大典》等。

在了解了外界对该职业的定义后，自己也需要为此职业做出定义和描述，因为日后自己在这个职业中要做的事情都是在此基础上的拓展。

2. 职业的核心工作内容

了解职业的核心工作内容有利于了解完成工作所必需的工作能力，使自己找到自身与职业要求之间的差距，从而提升相关能力，以完成工作内容。要了解职业的核心工作内容，可以通过权威的人事部门、企业的招聘广告，或者请教该职业的资深人士等途径获取想要的信息。

3. 职业前景及对社会的影响

职业的发展前景取决于国家、社会等对这个职业的需求程度，具体包括职业在国家阶段发展中的作用，职业对社会和大众的影响，职业对生活领域的影响。这就是说，了解职业时不仅仅要知道这个职业对国家、社会和行业的用处，也要知道这个职业对大众的影响。

4. 薪资待遇及潜在收入空间

职业是社会分工的产物，社会根据参与分工的量来确定相应的报酬，在不同的行业、企业、岗位上还有一些潜在的收入空间。薪资待遇是我们在择业时要重点考虑的因素，因而在探索职业时应对其进行重点调研。

5. 入门岗位及其职业发展通路

入门岗位一般是针对应届毕业生的一些中低端岗位。在探索职业时要了解一个岗位对应的职业发展通路是什么，这个岗位有哪些发展途径等。再好的职业，通常也要从基础的工作开始做起，所以说入门岗位是应届生职业发展的起点。

6. 职业精英

职业精英即职业标杆人物，就是在这个领域做得最好的人。通过网络、书籍、人物访谈等途径可以了解这些人取得了哪些成绩，遇到了哪些困难，具备哪些素质等。研究职业标杆人物，可以让自己了解他的奋斗轨迹，加深自己对职业的了解，找到努力的方向和途径。

7．一日工作常规

要知道这个职业的在职人员一天通常要经历些什么，时间都是怎么安排的。这是我们判断自己是否适合这个职业的重要指标。有些学生对职业的认识往往只停留在想象和猜测的阶段。只有通过职业探索，才能知道这个职业是不是自己想要的。

8．职业通用素质要求

职业通用素质要求是指从事这个职业的基本要求。通过对此项的了解，我们可以知道自己是否能满足这个职业的要求，并找到不足和差距，以便补充和加强。

（二）探索行业

行业探索就是通过分析和调研对自己想从事的行业进行全方位解读。每个行业都会有一定的特殊性与差异性，对人才的技能、层次、特征都会提出不同的要求。每一个即将进入职场的人，都必须对各自将要进入的行业有全面、系统的了解。

1．了解这个行业是什么

对行业的定义，从不同的角度会有不同的解释，现代汉语词典对其这样解释："工商业中的类别，泛指职业。"大学生可以参考《中华人民共和国职业分类大典》的权威解释，了解整个行业的概况，熟悉行业内的细分领域，进而探索行业的全貌。

2．行业现状及其发展趋势

国家各级行业主管部门或者社会研究机构，每年都会推出各种行业分析报告，这是了解行业现状和发展趋势的最好资料。大学生可以通过网络、图书或者听讲座等方式，了解该行业在国民经济发展中的地位，了解该行业当前的发展现状，探索其未来的发展趋势。

3．行业的细分领域

行业是指按生产同类产品、具有相同工艺过程或提供同类劳动服务所划分的经济活动类别，每个行业内部还有不同的分类。例如，金融业就包括银行业、保险业、信托业、证券业和租赁业等。

4．行业的社会评价与社会声望

行业不是孤立地存在于职业世界之中的，多倾听社会各界人士对该行业的评价，了解该行业的整体社会声望情况，也是进行职业选择与规划的参考依据。对行业的评价向来都是仁者见仁、智者见智的，行业的社会声望也是褒贬不一，在不同的舆论和倾向的影响下，同学们应该端正自己的认识，不宜随波逐流，人云亦云。

5．行业的人才需求状况

各行各业都有其准入门槛以及对人才素质能力的基本要求，了解行业人才需求状况，是进入行业的前提。所谓行业的人才需求状况，是指这个行业人才胜任能力标准，人才发展前景，人才培养目标及人才晋升路径。了解得越详细，个人的职业定位就越清晰，职业规划也越具有针对性。

6. 行业规范及标准

每个行业都有自己的行业规范及标准，这些规范可能是明示的，也有可能是潜在的；这些标准有可能是国家制定的标准，也有可能是行业内部的标准。行业规范及标准代表了行业的人才准入门槛以及从业人员基本守则，大学生掌握了该行业的规范与标准，就为进入该行业铺平了道路。

7. 行业知名企业名录

行业是由一系列细分领域内的企业共同组成的，这些企业既互相竞争，又互相依存，共同推动行业的发展与进步。行业知名企业一般是该行业发展的缩影，代表了该行业的最高发展水平，因此了解行业的标杆企业是了解该行业的最好方法。

（三）探索企业

探索企业是指大学生通过理论分析和实际调研来对自己喜欢的企业进行全方位的解读。企业是从业者赖以生存和发展的土壤。一方面，每个企业都有自己的发展目标、运作模式，了解企业的基本情况是成为企业一员的基础，便于大学生以后迅速适应新环境；另一方面，为了生存和发展，企业本身也要随时关注和适应社会大环境的变化，并采取相应的变革措施，这必将影响到其成员的个人职业生涯。

1. 企业基本信息

企业的基本信息包括企业简介，企业的发展历史，企业在社会中的地位和声望，企业目前的产品、服务和活动范畴，企业的发展领域、发展前景、战略目标，企业的技术力量和设施，企业在本行业中的竞争力、发展状况等。

2. 企业的发展阶段

企业的发展同人一样，也有萌发、成长、成熟、衰退直到死亡的过程。“萌发期”企业的晋升机会较多，入职该类企业后短时间内可能升到较高位置，但由于企业基础尚不稳固，就职于该类企业势必要承受较大的风险。“成长期”企业通常已找到了适合自身的业务模式、盈利模式、财务管理模式等。该类企业的人员数量增长很快，晋升机会也较多。“成熟期”企业的晋升机会较少，工作较稳定。“衰退期”企业是大学生应该远离的。

3. 企业领导人

企业领导作为企业的掌舵人，其抱负及能力是企业发展的决定性因素。因此，大学生要了解企业主要领导人的管理是否先进开明，领导人是否有足够的能力带领员工开创新天地、是否有战略眼光、是否尊重员工等。

4. 企业文化

企业文化是指全体员工在长期的生产服务中形成并共同遵循的最高目标、价值标准、基本信念和行为规范。企业文化是影响企业经营效益的重要因素，如果个人的价值观与企业文化有冲突，在企业中就难以发展。大学生需要分析自己是否认同这个企业的文化，企业文化是否与自己的价值观相符。优秀的企业文化会让员工感受到快乐和尊重，促使员工充分发挥自身的创造性。因此在求职时，企业文化也是需要考虑的重要因素。

拓展阅读

一些著名企业的企业文化

海尔公司：崇尚创新精神。

联想公司：责任意识，企业对社会的责任，个人对企业的责任。

青岛啤酒：超越自我，追求卓越。

韩国三星电子：以人为本，追求卓越。

IBM：必须尊重个人，尽可能给予顾客最好的服务，必须追求优异的工作表现。

微软：激情是工作的动力和灵魂。

资料来源：豆丁网，https://www.docin.com/p-2106228883.html

5. 企业制度

企业制度主要包括管理制度、用人制度、培训制度等。大学生应特别注意企业的用人制度如何，能否为自己提供发展或教育培训的机会，提供这些机会的条件是什么；自己将来有没有可能担任更高级的职务或担负更大的责任；职位提升的空间有多大，是基于工作能力还是工作年限等。大学生应尽可能多地了解这些信息，分析这些制度可能给自己的未来带来什么影响。

拓展阅读

盖洛普 Q12 测评法

盖洛普 Q12 测评法是测评一个工作场所具有何种优势最简单、最精确的方法。通过测评，我们可以了解自己对现在工作环境的满意度，企业也可以通过测评了解员工的敬业度。该测评主要包括以下 12 个问题：

（1）我知道公司对我的工作要求吗？

（2）我有做好我的工作所需要的材料和设备吗？

（3）在工作中，我每天都有机会做我最擅长做的事吗？

（4）在过去的七天里，我因工作出色而受到过表扬吗？

（5）我觉得我的主管或同事关心我的个人情况吗？

（6）工作单位有人鼓励我的发展吗？

（7）在工作中，我觉得我的意见受到重视吗？

（8）公司的使命目标使我觉得我的工作重要吗？

（9）我的同事们致力于高质量的工作吗？

（10）我在工作单位有一个最要好的朋友吗？

（11）在过去的六个月内，工作单位有人和我谈及我的进步吗？

（12）过去一年里，我在工作中有机会学习和成长吗？

资料来源：百度文库，https://wenku.baidu.com/view/b1619bc18bd63186bcebbcac.html

（四）探索岗位

在某个具体单位内部，按照任务、责任、权力及所需资格的不同存在着岗位的分类。人们常说的找工作，最后都要落实到谋取某个具体用人单位的具体岗位上。因此，岗位是与个人职业发展关系最为密切的细分因素。探索岗位就是对岗位本身和影响岗位发展的因素的调研。

1. 岗位描述

岗位描述包括岗位的定义、工作内容及基本素质要求。用人单位在招聘时，对具体的招聘岗位都会有相应的描述和要求，大学生应该充分了解应聘的岗位描述和具体要求，有针对性地做好应聘准备。

2. 岗位晋升通路

岗位是在职能的基础上根据具体需要而分化产生的。了解岗位的晋升通路主要有两个方面：一是了解和这个岗位相关的岗位是什么，二是了解这个岗位的职业发展通路是什么。某公司的员工岗位发展通路如图 3-1 所示。

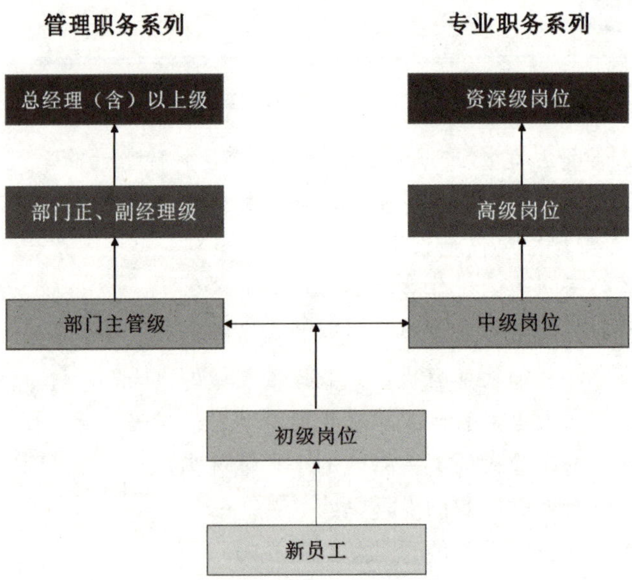

图 3-1　某公司员工岗位发展通路

3. 岗位基本要求

大学生需要了解所求岗位对从业者在技能、学历、资历、经验、品质、个性等方面的基本要求，并找到自身存在的差距，有针对性地进行提升。

二、探索职业世界的具体方法

（一）网络资讯

网络已经成为大学生获得信息的主要途径。求职网站很多，有些网站在发布招聘信息时，会按岗位或职能进行分类，如岗位类（销售经理、客户经理、前台、文员、人事助理等）、职能类（销售管理、行政/后勤、人力资源等）。这样求职者就可以比较快速地掌握某类岗位对求职者的通用技能要求。获取职业相关资讯的网站主要有：各人才门户网站，如前程无忧、智联招聘、中华英才网、搜狐招聘频道、新浪求职频道、中青在线人才频道等；个相关行业网站或论坛，如部、省、市级的人才网，师范类的专业网站等。另外，一些论坛也值得关注，如天涯社区中的职业交流版块、一些由人力资源经理组成的论坛等，通过这些论坛可以了解在职人士的工作状态和真实感受。

（二）亲身体验

大学生可以利用自己节假日的时间到目标企业或与目标企业相似的企业进行实地考察、顶岗实习，以职业人的标准要求自己，做到与目标职业岗位“零距离”接触。一方面，可以在学习职业技能的同时，感悟企业文化、企业经营理念，了解企业的用人要求，了解岗位工作性质、内容、工作环境、薪酬、晋升机会及发展前途等；另一方面，也可考察自己对工作环境的适应能力，探寻自身条件与工作岗位的匹配度，为做出科学的职业决策奠定基础。

案例精选

小叶升职记

小叶是某财经学院涉外会计专业的毕业生。在毕业实习中，他发现社会上涉外会计毕业生已供过于求，找一份专业对口的工作不是一件简单的事情。毕业时，他经过冷静的分析思考，果断应聘到一家大型超市做收银员工作。

涉外会计专业的毕业生去做收银员，这在旁人看来确实是不可思议，但小叶自有他的想法，他认为自己的选择是对的。

事实也确实如此。小叶在这个岗位上兢兢业业，开创了新的局面。三个月后，这个超市缺少一名管理人员，由于他工作认真、适应能力强，再加上有大学文凭，便被调入人事部。他在人事部边学边干，很快就获得了领导的赏识，现在已升职为经理助理。

资料来源：豆丁网，https://www.docin.com/p-533620220.html

（三）生涯人物访谈

一般可采用朋友推荐、教师介绍等方式开展生涯人物访谈，走访行业领域中的成功人士，了解成功人士的成长历程，了解行业特点、发展趋势，为在校期间制订出合理的学习计划提供依据；也可通过走访高年级的校友来加深自己对职场环境的认识。高年级校友作为同辈人，具有相似的文化背景与经历，可以从更为现实的角度帮助大学生认识职场。

生涯人物访谈可以帮助大学生更加清楚地定位职业角色及发现未来职业发展的切入点，制订更加合理的大学学习、生活和实习计划，作出明智的职业生涯调整决策。大学生还可以与生涯人物建立长期联系，扩大自己的人力社会资本。

一个完整有效的生涯人物访谈需要按照以下流程操作。

1. 遴选偏好的职业

通过分析自己的兴趣、性格、技能、工作价值观等，将分析结果与自己的教育背景及已掌握的职业知识相结合，列出自己未来可能从事的3～5个职业。

2. 选择生涯人物

在所选职业的每个职业领域寻找至少2人以上的在职人士。被访者的职位结构应合理，既应有工龄长或成就卓著的中高层人物，也应有初入职场默默无闻的基层人物。生涯人物可以由自己院系老师推荐，也可以是父母、亲人及他们的朋友，或者通过各种职业交流群、专业论坛、博客、网站等寻找。

3. 准备访谈内容

确定访谈对象后，访谈者需要认真制订访谈提纲，但一定要注意访谈时间最好不超过约定时间。访谈内容可分为以下4个部分：

（1）访谈对象的基本情况。包括其工作单位、工作岗位、担任职务、个人基本信息等。

（2）访谈对象的工作状态。包括他是如何找到或奋斗到现在的岗位的、他每天的工作都要做些什么、岗位职责是什么等。

（3）入职的任职资格。包括这个岗位或职业所需的核心知识、技能及经验，需要哪些资格证书，需要进行哪些培训，需要具备哪些素质和品质，在校期间如何准备才能更容易进入这个工作领域等。

（4）职业的发展前景。包括这个职业的一般薪酬标准和潜在收入空间、这个职业的一般晋升发展路线、这个职业在我国甚至国外的发展前景、和这个职业相关或相似的职业都有哪些等。

拓展阅读

具体访谈内容的确定

在具体访谈时，可采用以下提问方式：

（1）在这个工作岗位上，您每天都会做些什么？

（2）您是如何找到这份工作的？

（3）这项工作需要的是什么样的人？

（4）这项工作需要特别的知识、技能和经验吗？

（5）这项工作需要什么样的教育或培训背景？

（6）就您的工作而言，您最喜欢什么？最不喜欢什么？

（7）本工作的哪部分让您最满意？哪部分最有挑战性？

（8）在这个领域工作，您遇到过哪些问题？

（9）对于一个即将进入该领域工作的人，您有什么意见和建议吗？

（10）本领域初级职位和略高级职位的薪水是多少？

（11）公司对刚进入这个领域的员工提供哪些培训？

（12）本领域发展机会多吗？

（13）什么样的个人品质或能力对本工作的成功来讲是最重要的？

（14）还有哪些方法能帮助我深入了解该工作领域？

资料来源：百度文库，https://wenku.baidu.com/view/7def66e3bceb19c8b8f6ba9a.html

4. 正式访谈

正式访谈时，准时是第一要求，包括准时开始与准时结束；另外还要注意言谈举止，要做到谦逊有礼。

5. 完善访后工作

无论最后是以什么样的心情和状态结束访谈，访谈者事后都要发送感谢信给生涯人物，并将访谈记录和个人心得提交给对方，这样做一方面是对别人的肯定，另一方面也是有礼貌的表现。此外，访谈后，大学生还应该尽快对访谈的内容、资料进行整理。

（四）绘制家庭职业树

通过家谱，我们可以追溯到每个人的根源。同样，通过家族的职业谱，可以更好地了解自己家族成员的职业，甚至可以预测自己的职业趋向。事实上，有意无意中，家族成员都会以各种形式对个人职业选择乃至生涯发展产生深远影响。进行职业决策时，也不妨从自己最熟悉的人开始，了解他们可能产生的影响。

绘制家庭职业树可以帮助大学生了解职业的种类、内容、用人要求，还有助于大学生梳理现有的一些可用资源，为自己的职业发展做准备。

案例精选

最美全家福

一张全家福

2012 年，长沙晚报推出了“寻找最美全家福”活动。市民易复刚老人送来了一叠穿越半个多世纪的老照片，讲述了一个书香门第的延续和发展。这个家族中有 40 多人当老师，其中 30 多人终生从教。其中，最有名的就是央视《百家讲坛》“开坛论道”学者易中天。

在这些照片中，最有意义的一张是 1952 年易中天一家去湖北前，留下的这张不完整的“全家福”（见图 3-2，第一排四个孩子中左一为易中天，最后一排右一为易复刚）。易复刚老人和易中天是堂兄弟。他介绍说：“我们家是个书香门第的大家族，爷爷有 11 个子女，我父亲是老二，易中天的父亲易庭源是老六。拍这张照片的时候，我 9 岁，堂弟易中天才 5 岁。长胡子的是爷爷易思麟，当时 66 岁。”1952 年，易庭源从湖南大学调去湖北大学（即现在的中南财经政法大学）任教，易中天和母亲、爷爷也要随同前往。分别前，一家人拍下了这张合影。易复刚老人又遗憾地说：“照片里没有六叔和我父亲。爷爷左边是易中天的母亲，怀里抱着他的弟弟，右边是我母亲抱着我弟弟。”

图 3-2　1952 年，易复刚的“全家福”

子孙三代为人师表

易复刚的父亲易仁荄于 20 世纪 30 年代从清华大学历史系毕业，后回到湖南，在几所中学任教。抗战时期，易仁荄随学校转移到农村坚持上课，一生都奉献给了教育事业。1947 年，他参与创建清华中学，后该校并入长沙市一中。

易复刚回忆：“受父亲的影响，弟妹、子侄、孙辈及其配偶中，有 40 多人都是老师。我也是老师，毕业于中山大学中文系。参加工作后，一直在教书，1976 年，我教的湖南农科院子弟中学高三班还是当时长沙市的优秀班集体。”

> 1985 年，易复刚进入湖南广播电视学校任教，培养过许多优秀的电视节目主持人，其中就包括汪涵、仇晓等人。退休后，老人也没闲着，成了湖南省博物馆的第一批文化志愿者，连续 8 年坚持为游客做义务讲解。
>
> 易复刚的儿子易培是 90 年代的大学生，毕业后也当了老师。祖孙三代延续着教书育人的传统，见证了教育事业的发展变革。“我想我们家作为一个延续近大半个世纪的书香门第，虽不求名利，但天下功名自在人心。”易复刚自豪地说。
>
> 资料来源：腾讯大湘网，https://hn.qq.com/a/20120920/000119.htm

知识链接四　职业发展

职业发展是指为达到职业生涯规划的各种职业目标所进行的知识、能力和技术的发展性培训、教育等活动，也是个人逐步实现其职业生涯目标和工作理想，并不断制订、实施新目标的过程。

在个人漫长的职业生涯中，尽管每个人的职业选择、职业变动的具体情况各不相同，职业发展却是每个人的共同追求。一方面，个人只有融入组织并努力工作，完成组织交给的任务，满足组织的需要，达到组织寄予的期望，个人才能求得发展，实现个人职业发展的目标；另一方面，组织不能单纯地把个人当作一种劳动工具，必须给个人创造条件，提供发展的机会，要关注个人的工作环境、工作绩效、经济回报、心理状况和生活质量，要关注个人潜力的发挥、素质的提高和职务的晋升等。因此，职业发展是个人与组织的共同追求，只有个人与组织之间相互配合，力求实现各自的目标，才能更好地实现个人职业发展的目标。

一、大学学业与职业发展

大学学业是大学生立身之本，是大学生应当集中精力努力掌握的知识、能力与素质。具备好的学业，才会有好的职业。

（一）职业发展从学业规划开始

大学生学业规划就是大学生根据自身情况，结合现有的条件和制约因素，为自己确立整个大学期间的学业目标，并为实现学业目标而确定行动方向、行动时间和行动方案。换言之，就是大学生探索并解决学什么、怎么学、什么时候学等问题，以确保自身顺利完成学业，为成功就业或开辟事业打好基础。大学是社会的缩影，是迈进社会的过渡阶段，制订良好的学业规划可以更好地适应现代社会发展的需要。对于在校的大学生来说，只有及早设计自己的学业规划，明确自己的学业目标，提高素质优势，才有可能在将来激烈的竞争中把握住机会，获得成功。因此，做好学业规划对于大学生来说尤为重要。

（二）扎实的学业为就业开路

机遇总是垂青有准备的人。一个人的文化素养如何，将决定他在求职择业时的自由度和取得职业岗位的层次。大学是就业前的准备教育，大学生一毕业，大多数人都将走向工作岗位。而应用领域里很多看似高深的技术在几年后就会被新的技术或工具取代，只有扎实的基础知识才可以受用终身。大学生应该为几年后的就业做好知识、能力、素质等全方位的准备。珍惜大学时光，抓好学业，为未来的就业、创业、成功立业开山铺路。为此，根据社会发展和用人单位的需要，大学生应重点从以下三个方面抓好学业，做好就业准备。

1. 构建合理的知识结构

坚持广博性与精深性、理论与实践、积累与调节相统一的原则。培养宽厚扎实的基础知识、广博精深的专业知识、构建合理的知识结构。这一过程没有捷径可走，其基本途径只能是学习和积累。只有采取适合自己的科学方法，并且不断努力、辛苦耕耘，才能建立和不断完善自己的知识结构，为顺利就业成才打下良好的基础。

2. 锻炼较强的实践能力

知识并不能简单地与能力画等号，知识与能力是辩证的关系。从一定意义上说，能力比知识更重要。我们常说：实践是检验真理的唯一标准。因此，一名优秀的大学毕业生应把构建合理的知识结构、培养科学的思维方式和锻炼较强的实践能力统一起来，这样才能在择业、从业过程中立于不败之地。大学生应具备的基本能力包括表达能力、动手能力、适应能力、交际能力、管理能力、创造能力、决策能力等，而这些能力只有在不断的实践中才能得以提升。培养实践能力的方法和途径主要有勤奋学习、积累知识，积极参与、勇于实践，启迪思维、发展兴趣等。

3. 全面提高综合素质

知识、能力、素质是大学生社会化的 3 大要素。知识即专业知识，是素质形成和提高的基础。能力是获得知识、技能，以及运用知识、技能的途径，同时也是素质的一种外在表现。没有相应的知识武装和能力展示，就不可能内化和升华为更高的心理品格。但是知识和能力往往只解决如何做事，而提高素质可以解决如何做人。素质主要包括：思想道德素质、心理素质、人文素质、身体素质等。高素质的人才应该将做事与做人有机地结合起来，既把培养健全的人格放在第一位，又注重专业知识、技能和能力的培养，使自身得到全面、和谐的发展。

二、大学专业与职业发展

专业是学科和职业之间的桥梁，它按照学科进行划分，对应着一定的职业群。专业也是职业发展的基础，它为若干相近的职业群提供必要的基础知识和基本技能。

（一）专业学习的价值

高等院校实行专业教育并不说明大学教育已经进入专才教育阶段，在大多数情况下，大学教育还属于通才教育。大学生有必要接触各个学科领域，包括自然科学、社会科学、人文科学等，使自己成为一个有着全方位知识体系的人，从职业生涯规划的角度来说，就是成为当今社会上最受青睐的“复合型人才”。专业不能给大学生提供任何进入某个行业或者从事某个职业的保证，但是却可以为大学生打开一扇通往某个职业目标的大门。

拓展阅读

解析专业名称“众生相”

大家对专业名称会产生种种误会，比较典型的有以下几种。

一、“土名字，好就业”

对于一些传统的专业，人们总是容易忽略，殊不知“桃红又是一年春”，其内容、地位和就业方向早已随着社会的发展而焕然一新。例如，石油地质、勘探、地质、考古等专业，随着目前石油、煤炭、国土、冶金等传统行业复苏，环境资源的进一步强化，人才市场对上述专业人才需求量的猛增，从业环境在大幅度好转。石油地质、勘察技术专业在这方面尤为突出。以前进行勘探需要翻山越岭去找矿、采样、手工制图，而现在大多是用卫星定位系统勘测、电脑控制绘图，工作条件和待遇有了较大改善。

二、“看名字，想职业”

有这样一些专业，它们的名称没有改变过，人们常常望文生义，认定它的职业身份。例如，人们想当然地认为学了心理学专业，对应的职业就是心理医生。实际上心理学也可以作为一种辅助性专业出现，公安、司法、监狱系统在公务员招录中就比较欢迎这个专业，现在社会上也急需心理保健师。在人力资源管理、客服、幼儿出版、行政、公关、广告、市场调查乃至文秘等工作领域，心理学专业毕业生也都是可以发挥特长的。

三、“近名称，远专业”

有些专业名称乍一看差不多，实际内容却千差万别。例如，“数学与应用数学”专业和“精算学”专业，从名称上看是相近专业。然而，数学是纯理科的专业，包括一些理论性强的、具有完备体系的课程，主要培养学生严密而开阔的思维方法、较强的创造性和科技创新能力，而且作为基础学科，其应用范围十分广泛。而“精算学”则属于保险业的范畴，是以概率论和数理统计为基础，研究保险事故的出险规律、保险事故损失额的分布规律、保险人承担的平均损失及其分布规律、保险费和责任准备金等保险具体问题技术方法的应用数学，也可用于对金融、投资、社会保障、军事等方面风险的分析。

资料来源：腾讯教育，http://edu.qq.com/a/20080601/000029.htm

（二）专业与职业发展的关系

一个人要从事某一种职业，必须具备专业的知识、能力和特有的职业道德品质。随着社会的发展和科技的进步，劳动的专业化程度越来越高，职业的专业性越来越强。从专业与职业的相关性来讲，它们并不都是一一对应的关系，而是呈现出一对一、一对多、多对多等非常复杂的相关关系。

1. 一对一

这种情况最为简单，是指一个专业方向对应一个职业目标。例如，数控机床专业对应的职业是数控机床操作工，毕业生可以发展为高级技师；烹饪专业对应的职业是厨师。这种情况一般存在于职业院校，适合于专业技术人员。大学生可以先定职业目标，后选择专业方向。

2. 一对多

一对多是指一个专业方向对应多个职业目标，一般存在于普通高校中。例如，经济学专业的毕业生可以做经济学研究者、企业管理者、新闻记者、营销策划师、投资分析员等。

3. 多对一

多对一是指多个专业方向对应一种职业目标。例如，经济学、新闻学、中文、哲学等专业的毕业生都可以从事新闻记者职业。

三、社会实践与职业发展

社会实践对大学生职业发展的影响表现在以下几个方面。

（一）以职业要求为镜子，形成自我认识

大学生只有走出校门进行实践，进入与自己专业相关的单位去实习，才能不断了解专业知识、技能及其他方面的素质在实际工作中的作用；才能知道做好相应工作需具备哪些素质和能力；才能知道哪些知识是在学校就可以学到的，哪些是需要在课堂以外通过自己主动学习得到补充的。进入职场，进入社会，不仅能使自己所学知识得到应用，还能体会到工作中的快乐与艰辛，体会到团队合作对成功的重要性。这些都有利于在校大学生形成对自我的正确认识，有利于大学生进一步发扬自己的优势，弥补自身的不足，提高自己的综合竞争力。

（二）以社会实践为基础，提升综合素质

通过社会实践活动可达到以下目的：

（1）有利于大学生了解国情，了解社会，增强社会责任感和使命感。现代大学生大多是在书本知识中成长起来的，对我国的国情、民情知之甚少，而社会的复杂程度远不是读几本书、听几次讲座、看几条新闻就能了解的，社会实践活动则为他们打开了一扇窗。

（2）有利于大学生正确认识自己，对自身成长产生紧迫感。通过广泛的社会实践活动，能让学生看到自己和市场需求之间的差距，看到自身知识和能力上存在的不足。使大学生比较客观地去重新认识、评价自我，逐渐摆正个人与社会、个人与人民群众的位置。

（3）有利于大学生对理论知识的转化和拓展，增强运用知识解决实际问题的能力。大学生以课堂学习为主要接受方式，但这些理论知识并不代表大学生的实际技能，他们往往难以将其直接运用于现实生活之中。社会实践使大学生接近社会和自然，获得大量的感性认识和许多有价值的新知识，同时使他们能够把自己所学的理论知识与接触的实际现象进行对照、比较，从而把抽象的理论知识逐渐转化为认识和解决实际问题的能力。

（4）有利于增强大学生适应社会、服务社会的能力。社会实践活动使大学生广泛地接触社会、了解社会，不断动手、动脑、动嘴，直接和社会各阶层、各部门的人员打交道，从而培养和锻炼实际的工作能力。此外，大学生还可在工作中发现自己的不足，从而及时改进自己的工作和学习方法。

（5）有利于发展大学生的组织协调能力和创新意识。社会实践活动没有课堂教学中的束缚和校园生活中的种种限制，学生的积极性被充分调动起来，兴趣高涨，思维也空前地活跃起来，往往会产生一些创造性火花。

（6）有利于大学生提高个人素养，完善个性品质。社会实践活动现场能考验大学生的修养和品性，在那些平凡而伟大的人民群众面前，大学生养成的“娇”“骄”二气会得到克服。大学生在积极参与实践的过程中会逐渐养成坚韧、顽强的优良品性，养成务实的学习态度和生活作风，不断提高自己，完善自己。

（7）有利于提高大学生对就业形势、难度和需求情况的认识，自觉调整职业定位，使大学生个人的发展空间、待遇等方面的期望值更加符合用人单位的实际，使大学生能主动适应用人单位对人才的要求，缩小两者间的差距。

（三）以职业体验为基础，强化角色适应

角色适应的本质是个体由自然人向社会人的转化。从学生到单位员工的角色转变，是每一位大学生必须经历的重要环节。然而完成从学生到单位员工的完美蜕变是需要时间的，刚走出校门的大学生想仅凭自己的专业知识就获得企业青睐是很难的。学校对大学生的要求主要侧重学生的思想品德、专业技能等方面，用人单位则更侧重不同职业岗位的特殊要求，更看重员工创造的经济效益和社会贡献。只有通过实践，大学生才能较全面地了

解单位对不同员工的角色要求，特别是对一名初学者有哪些具体的要求，如品行方面、知识水平与应用方面、社会活动与交往能力方面等。

同时，大学生除了可以通过社会实践掌握对某个岗位的特定要求外，还可以以职业活动为平台，积累经验和阅历，更全面地了解社会。

拓展阅读

最容易走向职业规划误区的七种认识

一、继续深造一定能增加就业竞争力

无论你念书念到什么学历，最终都要步入社会，逐步完成自己的职业生涯。面临高校扩招，毕业生数量逐年增加的形势，毕业生会感到极大的就业压力，因而有很多学生认为只有继续深造才能增强就业竞争力。

事实上，这种想法是非常错误的。学历在某种程度上可以影响就业，但其并不是决定因素。人只有“身临其境”，才能真切地感觉到自己需要的是什么，自己要加强和补充的是哪方面的知识，这样的学习才更加具体、更加有用。而且，在就业后，同样可以不断学习，继续深造。

二、非名牌学校的毕业生一定进不了知名大公司

很多国际知名的大公司选择人才时，并不是盲目地追求名牌学校或知名专业。通过对就业市场及各大企业的调查可以发现，有很多外企的高级经理人，当初毕业的学校也是名不见经传的，只是他们自身所具备的素质和能力刚好符合企业的需要而已。他们凭借着锲而不舍的精神，不断积累经验、提升能力，进而达成自己的目标。毕业院校只是过去历史的证明，只要自己具备了真正的实力，知名大公司的大门就会向你敞开。

三、就业专业不对口，职业生涯很难成功

很多学生都认为，毕业后找的第一份工作一定要和自己所学的专业对口才能有所发展，因为自己具备相应的理论知识，进入职业岗位的状态会比较快，这样更容易成功。其实不然，并不是所有的人步入社会后都能从事与自己专业完全对口的工作，在实际工作中专业基础知识的应用比例也比较小。成功的关键是要看自己对所从事工作的兴趣、责任心，以及再学习的能力。

四、选择工作的时候把收入放在第一位

一个人在 30 岁以前，在选择工作的时候要把经验的积累放在第一位，而不是把收入放到第一位。因为经验本身就是财富，你的收入会随着经验的积累而水涨船高。有很多大学生在毕业之初，往往会过于看重薪资待遇，在收入和发展的选择上更偏重于经济因素，也会因此失去更多成功的机会。

五、为了落户大城市，宁可委屈自己选择不喜欢的职业

梭罗曾经说过："判断一个人的学识，就要看他主动把问题弄清楚的程度。如果我们走进 1 000 家航海制造工厂，我们会看到所有罗盘针在被磁化之前方向都是不确定的，但是指针被磁化具有磁力之后，它们就永远指向北方——忠于两极了。因此，一个人不能固定地指向一个职业方向，除非他能够树立一个精通业务的方向，娴熟的专业知识才能对其发展大有裨益。"

对于那些为了把档案和户口留在大城市而放弃自己前途的毕业生，在作出决定的时候一定要慎之又慎，不要盲目地把自己的青春浪费在自己不喜欢的事情上，而错过许多良机。

六、选择到大公司就业，发展的机会更多

在毕业生选择公司的时候，通常具有这样的意识：规模大、福利待遇好、行业地位高的公司是好公司，只有在这样的公司上班才能有更多的发展机会。其实，真正的好公司是针对性很强的公司，在这样的公司里才能学到许多实际的本领，对以后的工作有更多的帮助。因此，高校毕业生要经过多方考察分析之后再决定最适合自己的公司，要充分考虑到个性需求、产业循环等因素。

七、多跳几次槽，就能找到自己满意的职业

频繁跳槽很难使自己找到合适的工作岗位，也给企业一种不成熟、浮躁的感觉。而且，当跳槽成为一种习惯的时候，就很难用坚强的意志和信念去面对工作中的困难了。每次遇到挫折时，就选择跳槽来逃避现实，这可能使人走向一种盲目选择的极端。人力资源管理学家认为：一个人一生中选择六次职业是可以接受的，超过这个极限就会对职业生涯造成不利的影响。

探索活动

探索活动一　力场分析

力场分析是用来检测自己的职业目标是否可行的一种分析方法，是对影响个人的思想、情感和行为因素所进行的一种研究。具体步骤如下：

（1）陈述你的职业目标，这个目标应当清楚具体，如"在四年内成为一个成功的机械工程师"。

（2）列出支持和反对你的目标的各种因素。支持因素（+）是指对实现你的目标有帮助的因素，如拥有某种技能或能力、来自家庭的支持、可以选修的某门课程、充足的时间、受到经济资助、充满热情等；而反对因素（–）则是指任何使你难以达到自己目标的因素。

（3）确认你可以采取哪些措施来扩大支持因素的力量而消除反对因素的影响。在可以加强的支持因素和可以削弱或转化为支持因素的反对因素后面都画上一个加号（+）。对于可以采取的措施应尽量具体详细，说明由谁来采取这些行动，将要做些什么，以及需要哪些资源。如果你不可能对某种因素（尤其是反对因素）采取任何行动来影响它，就在后面写上 NAP（No Action Possible），即“不可能采取行动”。

（4）评估你的职业目标的可行性。如果支持因素超过反对因素，或者你能够采取措施来削弱或扭转反对因素，那你的职业目标就是可行的。

（5）根据上述步骤填写力场分析表（见表 3-1）。

表 3-1　力场分析表

<table>
<tr><td colspan="2">职业目标：</td></tr>
<tr><td>支持因素：
①
②
③
④
⑤
⑥
⑦
⑧
⑨
⑩</td><td>反对因素：
①
②
③
④
⑤
⑥
⑦
⑧
⑨
⑩</td></tr>
<tr><td>能将支持因素最大化的行动：</td><td></td></tr>
<tr><td>评估你的职业目标的可行性和现实态度：</td><td></td></tr>
</table>

探索活动二　职业博览会

（1）4～5 人组成一个“职业资料专家小组”，每组选定一人为组长，一人负责记录，其他人为参谋，每组选定一个与所学专业比较接近的具体职业或行业，并搜集相关资料。

（2）布置教室，安排桌椅，以便开展“职业资料新闻发布会”。

（3）每组选一人进行 5 分钟左右的“职业资料发布”演示，内容包括职业的工作内容、对应聘人的要求等。

（4）演示完毕，全体组员接受其他同学的咨询，时间为 5 分钟左右。

（5）其他各组同学就准备的职业资料情况、演示现场和答询反映进行打分。

（6）讨论：① 如何才能收集到正确、完整的职业资料？都有哪些搜集职业信息的渠道？② 各组介绍的职业中，哪个或者哪些吸引你？理由是什么？

探索活动三　职业搜索线

通过一系列的产业探索与职业介绍，想必你对各种职业已经有了一定的了解，是不是有些职业令你印象深刻？现在就请将它们的工作情形写下来，填入表 3-2。

表 3-2　职业搜索线

职业名称	工作内容	工作时间	工作地点	所需特质及能力

在上述职业中，你最欣赏的有____________________

原因是____________________

你最想从事的职业是____________________

原因是____________________

你的心得及发现____________________

探索活动四　画出你眼中的职业世界

请在白纸上画一张图来表示自己眼中的职业世界。注意这里不强调绘画水平，只需要表达出自己对职业世界的想法即可。

课外实践

课外实践一　生涯人物访谈

访谈准备

（1）遴选偏好的职业。

（2）寻找生涯人物。

（3）制订访谈提纲。访谈提纲要尽可能多地掌握生涯人物的信息，并紧密结合目标职业拟定。

访谈过程

（1）预约。采访前，打电话给你要访谈的人。进行自我介绍，确认访谈方式、日期、地点和时长。访谈方式首选面谈，其次是电话、微信、QQ、电子邮件等。

（2）就访谈内容录音或书面记录等形式征求被访者的意见。

（3）访谈要守时，提问要清晰、简洁。

（4）一次访谈问的问题不要太多，一般不超过 15 个。

（5）尊重访谈者，乐于倾听访谈者提供的访谈提纲之外的信息。

（6）访谈结束时，除了致谢，也可以恳请生涯人物再给自己推荐其他相关生涯人物，以便自己能够以滚雪球的方式拓展自己的职业认知领域。

访后工作

（1）对访谈的内容、资料进行整理。

（2）根据访谈内容，完善以下内容。

访谈时间：______________________________

访谈对象：______________________________

访谈对象任职单位和职务：______________________

访谈内容：______________________________

____

____

____

访谈体会：______________________________

____

____

____

访谈总结：____

____

____

____

课外实践二 绘制家庭职业树

活动目的

通过本活动了解家庭各成员的职业发展过程，确定自己的职业发展目标。

活动说明

（1）形式为个体操作、集体讨论。

（2）时间为 20 分钟。

活动流程

（1）请在框中填写上你的家庭成员及他们相应的职业。

（2）不限直系血亲，你能想到的家族成员都可以写到图上，越多越好，如图 3-3 所示。

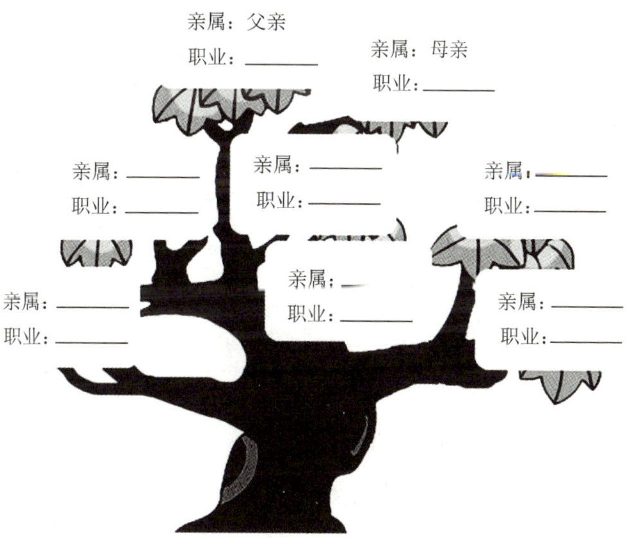

图 3-3 家庭职业树示意图

活动思考

（1）从这个图中，我发现我的家族成员从事的职业最多的是__________。

（2）家族中对于各种职业的评价，是否都表示出强烈的好恶？

（3）家族对彼此的职业，感到最满意的或羡慕的是什么？

（4）家人对我有职业期待吗？

A．没有，做什么都好。

B．有，他们希望我以后能从事__________职业。

（5）我对自己未来的职业期待是什么？

A．没有期待，主要原因有______________________。

B．我期待我以后能从事__________职业，主要是因为__________________。

课外实践三　职业体验活动

要想做好职业生涯规划，需要进行多方面的准备，如对自己的兴趣和技能有清楚的认识、了解和体验不同职业、对工作和收入有正确的认识、具备做决定的能力等。职业生涯规划的过程是自我探索的过程，伴随着人的一生。

职业生涯规划的最佳场所是真实的职场，大学生可以在校园内做兼职进行职业体验。例如，在学校食堂当厨师助理或服务员；在学校营业点卖食物、卖书、卖杂志等。大学生还可以参加校园招聘会、双选会，联系实习单位进行实习，做家教等。

请同学们自行选择工作单位和职业，开展为期一周的职业体验活动。待一周工作结束后，全班同学进行集体交流，一起反思职业体验中的收获和不足、喜悦和痛苦，讨论什么样的职业才是自己的理想职业。

模块四

职业决策

学习目标

- 了解职业生涯决策相关理论
- 探索自己的职业生涯决策风格和决策模式
- 掌握职业生涯决策的方法及应用
- 建立职业生涯规划的决策意识
- 学会撰写职业生涯规划书

引导案例

如何做出正确的决策？

小赵是某校化学系大二学生，也是家里的独生女。她的成绩在本系名列前茅，将来很有希望考上本系的硕士研究生。可让人苦恼的是，她并不喜欢现在所学的专业。据了解，小赵想读的是财会专业，但由于其高考志愿填报不合理，导致没有被最喜欢的专业录取。在父母的劝说下，小赵退而求其次，选择了化学专业。

在两年的大学学习中，小赵在专业基础课方面遇到了挑战。这些课程需要做大量的化学实验，实验结果又充满了变数，每次做实验，小赵都忧心忡忡。一想到继续攻读化学专业的研究生后，将要继续做这些实验，小赵就感到力不从心。小赵心里想：既然不喜欢化学，还要继续读下去吗？如果不读，打算做什么工作？与其继续读一个不喜欢的专业，还不如直接工作。

大二暑假时，小赵争取到了会计师事务所的实习机会。在实习阶段，她的经理反复提醒她学历的必要性：一是许多单位倾向于录用学历高的实习生；二是学历高有助于将来的职位晋升。经理的劝说让小赵放弃了本科毕业就工作的想法，下决心继续攻读硕士研究生。

大三上学期，小赵开始着手了解财会专业的考研情况。但她发现跨专业考财会专业研究生的难度很大，需要在空余时间自学完所有财会专业的课程。如今距离硕士研究生考试还有不到两年的时间，她心里打鼓，不知道自己能不能考上财会专业的研究生。有时她会想是否应退而求其次，考化学专业的研究生。她也不知道研究生毕业后应该找什么样的工作。小赵很希望自己能理清思路，权衡利弊，做出正确的决策。

知识链接

知识链接一　生涯决策

一、职业生涯决策的概念

生涯决策是指个人在多项选择之间权衡利弊，以获得最大价值的过程。生涯决策是一个过程，而不单单是一种结果。职业生涯决策是职业生涯规划的重要组成部分，是个人对自我的认识，以及对教育与职业等外在因素的判断的综合反映。

对于每一个即将走向社会的大学生来说，影响职业生涯发展的重大决策有以下几项。

（1）选择何种行业。

（2）选择行业中的哪一种职业。

（3）选择所适用的策略，以获得某一特定的工作。

（4）从数个工作机会中选择其一。

（5）选择工作地点。

（6）选择工作的取向，即个人的工作作风。

（7）选择生涯目标或者系列性的升迁目标。

二、职业生涯决策风格

决策风格是指决策者的处事方式及其制订决策的行为方式。常见的决策风格有以下 4 种。

（一）冲动直觉型

冲动直觉型的人做决定是基于一时的冲动，基于当时自己强烈的感受和情绪反应。他们的选择速度通常很快，只考虑自己想要的，不在乎外在的因素，几乎不会去系统地收集相关信息。其典型的表现是“先做了再说，以后再想后果”“感觉还不错，就这么决定了”等。

（二）依赖宿命型

依赖宿命型的人知道需要做出决定，但通常是等待或依赖他人为自己做出决定，或者以为一切都是命运的安排，自己做不做决定都一样。他们对自己的决定能力和结果缺乏信心，即使有时自主做出决定，在遇到反对意见时一般也无法坚持己见，最后还是顺从权威者的指示和决定。其典型的表现是“爸妈叫我那样做”“他们认为我适合”“船到桥头自然直”“天塌下来会有大个子顶着”等。

（三）犹豫拖延型

犹豫拖延型的人知道需要做出决定，但是经常处于拖延或挣扎的状态，迟迟做不了决定，或者到最后一刻才做决定。他们常常对决定的结果感到恐惧，也不愿负责，选择麻痹自己来逃避。他们通常很注重收集信息，但是往往又觉得选择项目太多，条件太复杂，无法作出取舍。其典型的表现是“急什么？明天再说吧”“我知道该怎么做，可是我办不到”“我决不能轻易决定，万一选错了，那就惨了”等。

（四）系统理性型

系统理性型的人做决定时会分析自己内在的状况，也会考虑外在环境的要求，广泛收集信息，用系统分析的方法检验各种选项的利弊得失，从而作出适当且明智的选择。其典型的表现是“一切操之在我，我是命运的主宰，是自己的主人”。

系统理性型的决策风格是最为理想的风格类型。拥有这种风格的人，既能充分地收集相关信息，又不会被过多的信息所迷惑；既能果断地做出决定，又不会过于冲动和感情用事；既能广泛参考别人的意见，又不会盲目从众、失去自我；既能坚定地为自己的选择负责，又不会不顾条件的变化，一意孤行。在面对人生重要选择的时候，我们尤其需要这种决策风格来助自己一臂之力。

决策风格受人格特质的影响，但是这种风格并非恒定不变，而是可以通过训练和实践加以转变的。尽力克服人格特质的缺陷，就可以在一定程度上实现从被动转向主动，从盲目转向理性，从依赖转向独立，从片面转向系统。

课堂讨论

请回想迄今为止你所做的4个重大决定，按以下几个部分进行描述并写在纸上：

（1）当时的目标或情境是什么？

（2）你面临哪些选择？

（3）你做出了什么样的选择？你做出该选择的依据是什么？

（4）现在你对当时的选择有什么评价？

写完之后，综合分析一下你在上述四个事件中的决策有什么共同之处，从中可以看出你的决策风格。

三、职业生涯决策理论

（一）职业决策风格理论

不同个体做决策的方式各有差异。关于职业决策风格的理论研究很多，这里主要介绍3种常见的理论。

1. 丁克里奇的生涯决策理论

最早对决策风格进行研究的是丁克里奇，丁克里奇认为，决策风格是影响决策效果与决策效率的一个重要因素。他在大量访谈研究的基础上，总结出以下 8 种决策类型：

（1）冲动型。决策者冲动地选择第一个遇到的选项。

（2）宿命型。决策者不主动选择，一切顺其自然，等待命运决定。

（3）顺从型。决策者屈从权威和意见领袖，不坚持自己的意见。

（4）拖延型。决策者迟迟不做决策或者习惯于拖到最后一刻才做决策。

（5）苦恼型。决策者收集了充分的信息，但是又患得患失，做不了决策。

（6）计划型。决策者按部就班地依据相关信息做出决策。

（7）麻痹性。决策者担心决策的后果，麻痹自己，企图逃避。

（8）直觉型。决策者凭借感觉进行决策，而非理性决策。

上述 8 种决策风格没有绝对的优劣之分，各有其适用范围和局限性。个人的决策风格既受个性影响，又受到环境的塑造，并非无法改变。丁克里奇在研究中还发现，有三分之二的个人无论处于何种情境都会稳定使用一种策略，而另外三分之一的个人会根据不同情境使用不用的策略。

2. 哈瑞恩的生涯决策理论

哈瑞恩认为，职业决策风格是一种稳定的人格特质，它反映的是个体在做决策时所表现出的特定行为模式。1979 年，哈瑞恩在丁克里奇的基础上进一步研究，把决策风格归纳为理智型、直觉型和依赖型 3 种类型，并根据这 3 种类型编制了职业决策评估表 ACDM（The assessment of career decision making）。

（1）理智型。决策者严格按照程序，在全面收集信息的基础上进行理性的思维推理并做出决策。

（2）直觉型。决策者主要依靠灵感或者感觉做出决策，很少系统收集信息。

（3）依赖型。决策者主要依赖他人提供的信息做出决策，受他人影响较大，比较被动和顺从。

3. 斯科特和布鲁斯的生涯决策理论

1995 年，美国职业生涯专家斯科特和布鲁斯认为决策风格是在后天的学习中形成的，他们把决策风格分为 5 种类型，分别是理智型、直觉型、依赖型、回避型和自发型，并编制了一般职业决策风格量表 GDMS（General career decision-making scale）。

（二）认知信息加工理论

认知信息加工理论认为，生涯发展就是做出生涯决策以及在解决生涯问题和生涯决策过程中使用信息的过程。

该理论把生涯发展与咨询过程视为学习信息加工能力的过程。该理论的提出者按照信息加工的特性组建了一个信息加工金字塔（见图 4-1）。位于塔底的是知识领域，包括自我知识和职业知识；中间是决策技能领域，即 CASVE 循环，包括沟通→分析→综合→评估→执行 5 个阶段（见图 4-2）；最上层是执行加工领域，也称为元认知，是调节认知过程的认知活动。

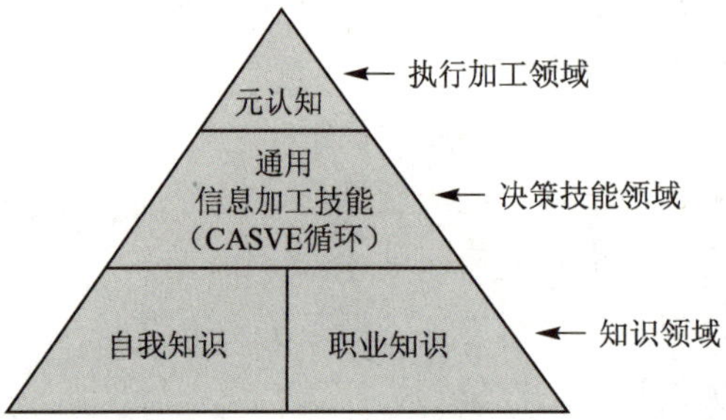

图 4-1　信息加工金字塔模型

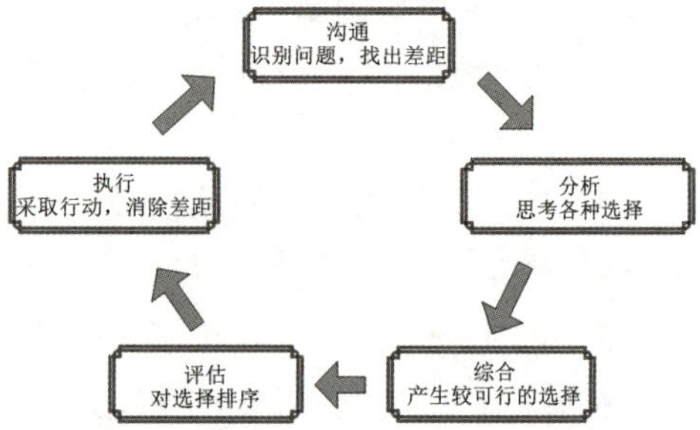

图 4-2　CASVE 循环

这一理论为职业生涯规划和职业咨询提供了操作的框架和流程。按照信息加工模型，在生涯管理中，针对最高层，个人需要辨别消极思维、进行积极的自我对话、提高自我控制和调节水平等，以此来完善自己的元认知。CASVE 循环提供了一种能用于职业生涯问题解决的通用方法。当个人能快速、有效地使用这一策略来处理生涯问题时，其生涯状况将得到极大改善。而自我知识和职业知识构成职业生涯规划的基础，没有全面而准确的知识，个人就无法做出恰当的职业生涯决策。

四、职业生涯决策方法

（一）平衡单分析法

平衡单分析法是一种卓有成效的职业生涯决策方法。运用该方法有两个前提条件：一是决策者要具备事业成熟的相关条件；二是决策者已经有了可供选择的多个职业发展方案。

1. 决策平衡单的基本思想

决策平衡单的基本思想就是将重大事件的思考方向集中到以下 4 个主题上：

（1）自我物质方面的得失（+/–）。

（2）他人物质方面的得失（+/–）。

（3）自我精神方面的得失，即自我赞许与否（+/–）。

（4）他人精神方面的得失，即社会赞许与否（+/–）。

2. 具体操作步骤

（1）明确职业发展选项。

（2）细化 4 个主题的具体因素考虑指标。

（3）给每个指标标注权重（1～5，指重要程度）。

（4）对照具体指标，填写每一项的具体分数（–10 分至+10 分）。

（5）用具体分数乘以权重，计算各项分数。

（6）用得失差数算出职业选项总分。

（7）根据职业选项总分从高到低排定选项优先顺序，并进行最终分析与思考。

案例精选

莎莎的决策平衡单

莎莎，某高校二年级学生，对毕业后工作还是考研犹豫不定，于是老师指导她利用“决策平衡单”帮助自己做决策。表 4-1、4-2 分别为莎莎考虑的因素及其决策平衡单。

表 4-1　莎莎考虑的因素

考虑的方面	考虑的因素
自我物质得失	个人收入、健康状况、休闲时间、未来发展、升迁状况、社交范围
他人物质得失	家庭收入
自我精神得失	所学得到应用、进修需求、生活方式的改变、具有挑战性、获得成就感
他人精神得失	父亲支持、母亲支持、男朋友支持

表 4-2　莎莎的决策平衡单

考虑因素（权重）		选项一：工作		选项二：考研	
		得（+）	失（−）	得（+）	失（−）
个人物质方面	个人收入（4）	8（+32 分）			−6（−24 分）
	健康状况（2）		−6（−12 分）	3（+6 分）	
	休闲时间（3）		−1（−3 分）		−2（−6 分）
	未来发展（2）	2（+4 分）		6（+12 分）	
	升迁状况（1）	1（+1 分）		4（+4 分）	
	社交范围（3）	3（+9 分）			−1（−3 分）
他人物质方面	家庭收入（5）	3（+15 分）			−2（−10 分）
个人精神方面	所学得到应用（2）	5（+10 分）		5（+10 分）	
	进修需求（3）	1（+3 分）		6（+18 分）	
	生活方式的改变（3）		−4（−12 分）		−1（−3 分）
	具有挑战性（4）	2（+8 分）		3（+12 分）	
	获得成就感（5）	3（+15 分）		3（+15 分）	
他人精神方面	父亲支持（4）	6（+24 分）		3（+12 分）	
	母亲支持（3）	5（+15 分）		5（+15 分）	
	男朋友支持（2）		−8（−16 分）	2（+4 分）	
总分		93 分		62 分	

通过计算，“选项一：工作”的最终得分为 93 分，“选项二：考研”的最终得分为 62 分，根据得分情况，老师建议莎莎首选工作。经过一番考虑后，莎莎最终选择了工作。

资料来源：百度文库，https://wenku.baidu.com/view/1049a0621ed9ad51f01df281.html

（二）5W 法

5W 法也称归零思考法，是指通过 5 个问题来思考自己的职业生涯规划。这种方法简便易行，因此应用比较广泛。

1. 5W 法的基本思想

（1）Who am I?（我是谁？）回答这个问题的要点是面对自己，真实地写出每一个想到的答案；写完了再想想有没有遗漏，然后按重要性进行排序。

（2）What will I do?（我想做什么？）从初次萌生“想干什么”的念头开始，然后随着年龄的增长，回忆自己真心想干的事，一一记录下来，写完后再想想有无遗漏，最后进行排序。

（3）What can I do?（我会做什么？）要把确实已证明的能力和自认为还可以开发出来的潜能都一一列出来。

（4）What does the situation allow me to do?（环境支持我做什么？）回答时要稍做分析，将自己有可能借助的环境都列入考虑的范畴之内。在这些环境中，认真想想自己可能获得什么支持，然后一一写下来，再依据重要性进行排序。

（5）What is the plan of my career and life?（我的职业与生活规划是什么？）如果能够成功回答这个问题，就有了最后的答案。

2. 具体操作步骤

把上面 5 个问题的答案分别写在 5 张纸上，然后将 5 张纸一字排开，认真比较第一至第四张纸上的答案，将内容相同或相近的答案用一条横线连起来，你会得到几条连线，而不与其他连线相交又处于最上面的线，就是你最应该去做的事情，你的职业生涯就应该以此为方向。你要在此方向上以 3 年为周期，提出近期、中期与远期的目标，然后将近期目标细化为每年、每季度、每月、每周、每天的目标。这样，每天就可以对照自己的目标进行反省，总结当日的成就与失误、经验与教训，修正明天的目标与方法，第二天就可以投入行动了。

案例精选

小李的职业生涯规划

小李 27 岁时，收到了美国某名校的 MBA 入学通知书，他在“出国与留下”的两难选择中，对自己进行了职业生涯规划。

我是谁？

（1）我是一家管理咨询公司的经理（任职一年多，同事关系不错，业绩和收入都令人满意）。

（2）我做经理前先做了一年多的业务员（开发了多项业务，曾连续 6 个月业绩名列第一）。

（3）我之前曾在一家保险公司做过一年多的人寿保险顾问，赚了些钱，但觉得从事保险业容易受到歧视，所以跳槽到了管理咨询公司。现在越来越感到从事管理咨询工作如果工作尽责，又有一定水平，就会受到客户的尊重，这比较符合自己的性格，收入也比较可观。

（4）我愿做一个正派的人。

（5）我很爱我的父亲（退休的公务员）和母亲（普通退休干部），很担心他们患有慢性病的身体，每年都要回老家看望他们。

（6）我不要求很多钱，但需要体面而丰富的生活。过去不太注意储蓄，现在只存了 10 多万元，不知先买车还是先买房。

（7）我弟弟去年大学毕业就直接出国留学了，有点羡慕他。

（8）我很爱女朋友，准备结婚，但尚未想好时机；大学毕业五年，身体健康，心理较正常；性格较外向，情绪较乐观；好奇心较强，学习能力不错；喜欢唱歌，有时会幻想。

我想做什么？

（1）我想做职业经理人、管理咨询顾问。

（2）我想先去外国读 MBA，再回来继续从事管理咨询工作，时机成熟后开自己的咨询公司。

（3）我想将来能和妻子住在属于自己的舒适的房子里，每天开着自己的汽车去工作。

（4）我有时想与人合伙开咨询公司，自己负责业务开发，他人负责咨询方案；但现在的老板如果能吸收我做股东，并提供更大的事业空间似乎更好些。

（5）我爱好唱歌，大学期间获得过全校歌唱比赛男子独唱冠军，做过当歌星的梦。

我能做什么？

（1）我能管理公司更多的业务，并能协调公司各部门的关系。

（2）我是推广公司咨询业务的能手和指导下属开发客户的老师。

（3）我会讲业务开发的课程和一些较容易的管理课程。

（4）我会开车。

（5）我唱歌很迷人。

（6）我相信还可以学会很多东西。

环境支持我做什么？

（1）我在现有公司可能升职，有可能获得一定的股份（公司计划明年扩大为集团，投资多个专业管理咨询与管理软件公司）。

（2）市内有多家同类公司挖我去当业务总监或副总，薪酬比现在高两倍（现在我一年大约收入 15 万元），有些公司还许诺赠送股份，但不知公司前景如何，且能否兑现承诺也是个问题。

（3）有的实业公司也希望聘请我去做营销部门的负责人，许以高薪、股权等，但我觉得在其他行业得到的尊重不如咨询行业。

（4）我可以去大学深造，也可以读在职 MBA，只要有好的课程和教师。

（5）弟弟可以帮助我联系国外的大学去读书，但以后可能还要回来从头开始。

（6）我可以练习唱歌，甚至去酒吧唱，但取得专业成就的希望渺茫。

我的职业和生活规划是什么？

（1）继续在现在的公司好好干，不远的将来能被提升，并获得合伙创业的机会。

（2）工作的同时进修在职 MBA。

（3）买房、结婚、买车。

（4）经常去看父母，以后接他们来住。

（5）有时去唱歌玩。

（6）去其他公司做合伙创业者。

（7）出国读书。

通过职业规划，小李对自己提出了 3 年、6 年、10 年的目标。6 年与 10 年的目标他不愿明示于人，而 3 年的目标是：任所在公司的副总经理；攻读在职 MBA；年收入 30 万元；成为公司的正式股东；拥有自己的住房与汽车；结婚并将父母接来同住。

不到 3 年的时间，除父母不久前来住了一段时间，嫌城市节奏太快、熟人太少、待着不习惯而返回故里之外，小李的其他愿望都已经实现了。

资料来源：豆丁网，https://www.docin.com/p-1220188767.html

（三）SMART 目标制定法

SMART 目标制定法是由管理学大师彼得·德鲁克所提出的，它广泛地应用于企业的绩效目标管理中，对大学生在进行职业生涯决策同样适用。

SMART 由 5 个英文单词的首字母组合而成，分别代表目标的 5 个特性。

（1）S 代表 specific，是目标的具体性，指的是目标应转化成一件件具体的事情。例如，考取普通话证书就是一个具体的目标。

（2）M 代表 measurable，是目标的可衡量性，即完成多少工作可认定为目标完成。

例如，每天背 10 个单词，每天做 20 个俯卧撑，每天看 30 分钟新闻等。

（3）A 代表 attainable，是目标的可实现性，指的是目标的适用范围，即设定的目标要有挑战性，而且一定要是可达成的。目标过高或过低都是不适用的，目标过低会造成效率低下，目标过高则无法实现，无法实现的目标是没有意义的。例如，每天学习 20 个小时或跑 100 千米就是无法完成的目标。

（4）R 代表 relevant，是目标的相关性，指的是目标与现实环境的结合度，以及目标内部各指标之间、目标与行动计划的关联度。任何目标都应该与现实环境相结合，任何计划都应为目标服务。

（5）T 代表 time-bound，是目标的时限性，指的是目标完成的时间范围。时间是目标的重要特性，却是最容易被许多目标设定者忽视的一点。一般来说，设定目标就是为了能让目标在预定时间内完成，错过了这个时间，目标就没有意义了。

大学生在做出生涯决策时，衡量一个目标设定得是否完善，可以参考以上这 5 个指标：缺乏具体性，目标就会显得空泛，无从着手；缺乏可衡量性，则无法评判目标实施的进度是否达到合理的标准，从而影响目标的最终实现；没有可实现性，目标是盲目的，与空想无异，没有实际意义；少了相关性，目标完成就没有保障；忽视时限性，则让目标实施者缺乏紧迫感，丧失行为的动力，最终错失良机。

（四）SWOT 决策分析法

SWOT 分析法又称态势分析法，是一种能够较客观而准确地分析和研究一个单位和个体现实情况的方法，其 4 个英文字母分别代表优势（strength）、劣势（weakness）、机会（opportunity）和威胁（threat）。优势、劣势主要用来分析内部条件，机会、威胁主要用来分析外部条件。

SWOT 分析是生涯决策的一个非常有用的工具。如果对个体做一个细致的 SWOT 分析，那么，就会很明确地知道个体的优点和弱点在哪里，并且能评估出个体所感兴趣的不同职业道路的机会和威胁所在。大学生在对自己进行 SWOT 分析时，对个人的优势与劣势要有客观的认识，不要过分夸大自己的优势，也不要过于自卑，把自己看得一无是处。

一般来说，大学生在进行 SWOT 分析时，应遵循以下 4 个步骤。

1. 评估优势和劣势

每个人都有自己独特的技能、天赋和能力。在当今分工非常细的市场环境中，大部分人都是擅长一个或几个领域，而不是样样精通。例如，有些人不喜欢整天坐在办公桌旁，而有些人一与陌生人打交道就紧张不安。评估自己的优势和劣势，有利于在职业生涯中扬长避短，以及有针对性地完善自己。

SWOT 分析法

优势就是所拥有的知识、能力、水平和发展潜力。大学生可以通过以下 4 个问题来认知自我：① 我学到了什么？② 我最成功的事情是什么？③ 我对自己最满意的品质是什么？④ 有哪些个性条件让我有自信从事目标职业？

劣势是相对于目标职业要求来讲的，是在今后可以继续提升的素质、知识、能力、创造力、财力和行为习惯等方面的不足。

2．分析职业机会和威胁

不同的行业（包括这些行业中不同的公司）面临不同的外部机会和威胁。分析职业机会和威胁，有利于我们做出正确的职业生涯决策。

对职业机会和威胁的分析可以从以下几个方面着手：

（1）家庭环境分析，包括家庭经济状况、家庭成员职业构成、家庭传承等所带来的职业机会和资源。

（2）学校环境分析，包括学校的办学指导思想、专业水准、校企合作状况、校友资源等。

（3）社会环境分析，包括当前政治环境、经济环境、科技发展水平、国家就业政策、社会需求等宏观因素。

（4）目标地域分析，包括区域发展状况（如振兴老工业基地的东北地区、待开发的西部地区、崛起的中部地区、发达的沿海地区），目标城市的生活习惯、人文环境等。

（5）目标行业环境分析，包括目标行业的现状、未来发展趋势，国家政策、科技发展对行业带来的机会等。

（6）目标企业环境分析，包括目标企业的性质、企业信誉、产品市场占有率、企业历史和文化、福利待遇等。

3．提纲式地列出五年内的职业目标

仔细地对自己进行 SWOT 分析评估，列出毕业后五年内最想实现的 4～5 个职业目标。这些目标可以包括想从事哪一种职业、将管理多少人、希望自己拿到多少薪水等，应当尽量发挥出自己的优势，使之与行业提供的工作机会完美匹配。

4．提纲式地列出五年的职业行动计划

拟出一份实现上述第三步列出的每一目标的行动计划，并且详细地说明为了实现每一目标，要做的每一件事及何时完成这些事。个人 SWOT 分析可能包括为了实现理想中的职业目标而需要进修一些特定的课程，那么，职业行动计划应说明何时进修这些课程。

知识链接二　生涯规划

一、职业生涯规划的原则

大学阶段是就业的准备期，大学生进行职业生涯规划的主要目的是为进入职场做好各种准备。职业生涯规划具有很强的导向性，科学的职业生涯规划要充分考虑到个人的特性和单位的发展需要，要把个人发展与组织发展结合起来，对影响职业生涯规划的各种客观因素进行分析、总结和测定，确定一个人的发展目标，选择实现这一目标的职业，编制相应的工作、教育和培训等行动计划，对每一步骤的时间、顺序和方向做出合理的安排。为了使自己的职业生涯规划科学合理、切实可行，在制订职业生涯规划时，大学生应遵循以下原则。

1．长期性原则

规划一定要从长远来考虑，只有这样才能给人生设定一个明确的大方向，使个体集中力量紧紧围绕这个大方向做出努力。如果大方向定位不准确，阶段性目标和措施定得再好，也不可能产生理想的效果。

2．清晰性原则

无论是目标、措施还是规划，都必须是清晰而明确的，各阶段的划分、路线和措施一定要具体、可行，即能够将它转化为一个个可以实行的行动。

3．具体性原则

规划必须是针对某个特定个体所进行的具体的职业指导。由于每个个体所处的具体的职业发展阶段不同，能力、性格、职业发展愿望等特点各不相同，每个人所处的组织环境也有所差异，因此在进行职业生涯规划时不能硬搬其他人的职业发展模式，规划必须是因人而异的、具体的。

4．挑战性原则

规划一定要在符合可行性的基础上具有一定的挑战性，这样有利于激发个人潜能，“跳一跳摘到的苹果”才是最可贵的。一个轻易就能实现的目标不能反映一个人的真实能力，也不能充分体现一个人的人生价值。如果一个人所定的目标稍有一定的高度和难度，完成规划的每一个阶段性目标都要付出一定的努力，成功之后才会有较大的成就感，从而激励自己向新的更高目标迈进，直到达成最终目标。

5．持续性原则

人生的每个发展阶段是相互连贯、相互衔接的。在进行职业生涯规划时，制订的各具体规划应与人生总体规划一致，制订的各阶段目标应与总目标相一致；决不能割断完整的职业发展历程，也不能摇摆不定，浪费个体发展阶段的人力资本积累；要促进职业生涯的持续发展。

6．可评估性原则

规划不但应该规划出总的职业发展目标，还应制订具体的阶段性步骤，要有明确的时间限制和标准，以便在达到职业生涯目标的过程中随时进行阶段性的评估和检查，随时掌握执行的情况，以便为职业生涯总目标的调整提供参考依据。

7．可调整性原则

在制订职业生涯规划和采取具体实施措施时，要充分考虑到各种因素的变化与发展。职业生涯规划是一个不断面对困难、解决问题和做出决策的过程。目标与实施措施不是一成不变的，反馈与修正必不可少。越是长远的目标，规划越应该具有可调整性。

8．激励性原则

规划的职业目标是否符合自己的性格、兴趣和特长，是否能对自己产生内在的激励作用，在制订规划时一定要充分考虑。个体成就感大多来自在工作中圆满完成岗位职责所赋予的任务并获得外部的认可。个体成就感越高，其受到的激励强度越大。从某种意义上讲，来自工作中的激励才是最有效的激励。

9．适时性原则

在进行规划时，需要预测未来的行动、确定将来的目标。一份合理的规划对于各项主要活动何时实施、何时完成，都应有时间和时序上的妥善安排，以作为检查行动的依据。

10．利益整合原则

利益整合是指个人利益与组织利益的整合。这种整合不是牺牲个人的利益，而是处理好个人发展和组织发展的关系，寻找个人发展与组织发展的结合点。每个个体都是在一定的组织环境与社会环境中学习发展的，因此，个体必须认可组织的目的和价值观，并把个人的知识和努力集中于组织的需要和发展上。

二、职业生涯规划的步骤

职业生涯规划的步骤可以分为自我分析与评估、环境分析、设定目标、实施方案、评估与修正。大学生要做好职业生涯规划，就应严格按照设计的流程，认真做好每个环节。

（一）自我分析与评估

有效的职业生涯规划应该从全面了解自己即自我评估开始。自我评估的目的是审视自己、认识自己、了解自己。只有认识了自己，才能对自己的职业生涯做出正确的志向选择，才能选定适合自己发展的职业生涯发展路线，也才能对自己的职业生涯目标做出最佳选择。

自我评估包括对自己的性格、兴趣、特长、学识、技能、智商、情商、思维方式、道德水准及社会中的自我等进行客观全面的评价。当然自我评估还要求自我认识和他人评价相结合。通过自我评估可以认识自身的条件，进行比较准确的自我评价，根据自身特点设计自己的职业志向和目标。大学生应以社会利益为重，用发展的眼光、长远的眼光，从社会的需要来确定自己的职业选择和志向。

（二）环境分析

环境因素对个人职业生涯规划的影响很大。只有顺应外部环境的需要和变化，最大限度发挥个人优势才能得以实现个人目标。外部环境分析包括对社会经济环境、行业环境、职业环境、单位环境及个体成长的环境等的分析，一般长期的规划要更注重对社会环境的分析，短期的规划则注重单位环境的分析。

大学生要找出自己与上述环境的关系和环境对自己的有利条件、不利因素，对应调整自己的目标。只有把自身因素和外部因素做最大限度的契合，才能在现实中趋利避害，使职业生涯规划更具现实意义；才能更好地确定职业目标和选择职业路线。

（三）设定目标

这是职业生涯规划的核心。在认识自我、了解环境之后，大学生就要对自己的职业生涯方向做出完整、清晰的规划。设定目标包括设定人生目标、长期目标、中期目标与短期目标。这些目标分别与人生规划、长期规划、中期规划和短期规划相对应。设定目标时，首先要根据个人的专业、性格、气质和价值观及社会的发展趋势确定自己的人生目标和长期目标，然后再把人生目标和长期目标细化。要注意把长远目标和短期目标结合起来，通过不断实现短期目标来最终实现长远目标。生涯目标要具体明确、高低适度、留有余地，并与组织目标相一致。

职业目标规划

与此同时，大学生还要选择职业生涯路线，可以从三个方面考虑：一是个人希望向哪一条路线发展，主要根据自己的价值、理想和动机来确定自己的目标取向；二是个人适合向哪一条路线发展，主要根据自己的性格、特长、经历、学历等客观条件，确定自己的能力取向；三是个人能够向哪一条路线发展，主要考虑自身所处的社会环境、政治与经济环境、组织环境等，确定自己的机会取向。例如，个人是走行政管理路线，向行政方面发展；还是走专业技术路线，往业务能力方面发展，等等。

（四）实施方案

在职业生涯目标和职业路线选择确定后，还必须有相应的行动方案和具体的行动措施，这些方案和措施要明确、具体，可行性较强，以便定期检查落实的情况。这就需要制订一套周密的行动计划，并辅以考核措施，以确保目标的实现。这里所指的行动主要是指落实目标的具体措施，包括教育、培训、实践等方面的措施。例如，在职业素质方面，计划学习哪些知识、掌握哪些技能、开发哪些潜能等。

（五）评估与修正

评估是个人对自己和社会的一个不断的认识加深过程，是使职业生涯与发展规划更加有效的有力手段。在实现职业生涯目标的过程中，必须根据实际情况自觉地总结经验教训，修正对自我的认知和定位，弄清自己适合从事什么职业。大学生刚开始进行职业生涯规划时，由于对自身及外界环境都不十分了解，最初确定的职业生涯目标往往都是比较模糊或抽象的，有时甚至是错误的。经过一段时间的工作以后，必须有意识地回顾自己的得失，检验自己的职业定位与职业方向是否合适。这样在实施职业生涯规划的过程中自觉地总结经验教训，评估职业生涯规划，可以修正对自我的认知。通过评估与修正，大学生可以极大地增强自己实现职业目标的信心。

修正的内容主要包括职业的重新选择、职业生涯目标的修正、职业生涯路线的选择、实施行动计划的变更等。俗话说“计划赶不上变化”，尤其在现代职业领域，变化是永恒的主题。影响职业生涯规划的因素有的是可以预测的，而有些则难以预测。成功的职业生涯规划需要时时审视内外环境的变化，不断对自己的设计进行评估和修正，并调整自己前进的步伐。

三、大学生职业生涯规划的内容

（一）学业规划

学生的主要任务就是学习，因此，学业规划是大学生生涯规划最重要的内容。学业规划包括专业技能学习规划、公共基础知识学习规划、就业知识学习规划等。大学生应该根据自己的大学目标，在认真研究社会的需求，了解社会需要什么样的人才的基础上，结合学校的课程安排，制订科学的个性化的学业规划。

1. 专业技能学习规划

进入大学前，每个大学生都必须选择一门专业。选专业应该是一件非常慎重的事情，它可能会影响一个人整个的职业生涯，大学生选专业的标准各不相同，但有一点应该是相同的，那就是希望毕业以后尽量从事与该专业相关的行业。大学期间的学习，主要目的是习得工作岗位需要的专业技能，而专业技能是大部分大学生毕业以后安身立命的本钱，其重要性不言而喻。那么，怎样才能做好专业技能学习规划呢？

首先，要确定专业技能学习的目标。例如，师范专业学生的学习目标应该是达到教师岗位所需要的技能要求，即一方面要达到理论学习要求，顺利毕业，取得教师资格证，另一方面，要通过实习，熟练掌握实操技能；会计专业的同学学习目标应该是掌握会计岗位所需要的会计知识，考取会计相关资格证书，如助理会计师证、会计师证等。大部分初入大学的学生对这些专业要求可能并不熟悉，需要通过各种途径增加了解，如查阅资料、咨询老师或者到相关岗位去观察。有的同学整个大学期间学习目标都不明确，浑浑噩噩，不知道该学什么，毕业以后才发现自己根本达不到岗位要求。

其次，要合理分解不同阶段的学习规划。大一阶段主要是打基础，适应新的学习环境，掌握专业的基础知识，了解专业的基本特点，寻找专业学习的方法，培养对于专业的兴趣；大二、大三阶段是深入学习阶段，主要是了解专业的课程体系，掌握专业学习的主要方法，研究专业的发展动向，探析专业的就业特点；大四是实习实践阶段，主要是提高专业动手能力，撰写毕业论文，准备相关职业资格证书考试，为毕业做准备。

最后，要明确自己的学习方式。大学学习比较自由，主要依靠自学，需要大学生主动地去安排自己的学业。自学能力是专业能力提升的一个重要保障。大学生应充分利用好课堂时间汲取知识，同时加强自学，提高自己的专业水平，加强自己的竞争力。

案例精选

求职成功的秘诀

某师范本科毕业生小霞，参加了成都市某中学语文教师的招聘。经过笔试，从200多名应聘者中脱颖而出，并顺利通过面试和试讲，成功与该中学签约。同她一起进入面试和试讲的是一名重点大学毕业的男硕士。

面试中，当被问到自己有什么特长时，那名男硕士说自己的科研工作做得好，在国家级期刊上发表论文若干篇。而小霞则现场为大家进行了书法展示，颇具专业水平。

试讲时，小霞发音标准、表达流畅、课程设计出色、板书整洁，最终成为试讲考核的第一名。

小霞成功的秘诀在于：一是专业基础知识扎实，从200多名笔试者中胜出；二是具备了良好的教师职业技能，如良好的表达能力、扎实的文字功底、突出的课程设计能力；三是综合素质较高，如书法特长为其加分不少。

大学生专业技能是大学生求职择业的基础，也是大学生职业发展的基础。一个人的专业技能如何，将决定他在求职择业时的自由度和取得职业岗位的层次。大学生要想在求职中处于主动地位，取得理想的就业岗位，赢在职业发展的起点，就必须全面提高自己的专业技能。

2．公共基础知识学习规划

公共基础知识主要指外语、计算机、写作、公共关系等方面的知识。如今是信息化时代，社会的国际化程度越来越高，对人才综合素质的要求也越来越高，作为当代大学生，必须不断提高自己的综合素质，而公共基础知识就是综合素质的具体体现。有的大学生对公共基础知识学习不够重视，认为对就业帮助不大，而毕业时没找到相关专业工作，综合素质又不够高，就业顿时陷入困境；而那些综合素质高的学生，即便是没有找到对口专业的工作，就业也相对容易。大学生在学好相关知识的同时，可适当考取一些外语、计算机等级证书，对提升就业竞争力很有帮助。但是，要妥善分配好专业学习与公共基础知识学习的时间，不能顾此失彼。

3．就业知识学习规划

就业知识学习主要指就业形势分析、就业信息搜集、就业技巧训练、职业素质培养等。

专业技能不等于专业岗位，技能与岗位之间需要一个桥梁，这个桥梁就是就业知识。不是专业技能学好了，就有一份好的工

搜集求职信息

作。必须先掌握就业知识，找到一个工作岗位，专业技能才有发挥的场所。有的大学生在校成绩很好，但对就业信息和职业要求一无所知，或是不知道如何在招聘者面前表现自己，最终导致求职失败，这都是缺乏就业知识的结果。

制订就业知识学习规划，要注意以下三点：一是要明确阶段性学习目标，大一阶段主要是认识自我，确定好职业目标，提高职业素养；大二阶段主要是了解行业形势，做好职业生涯规划；大三阶段主要是掌握搜集就业信息、面试笔试的技巧，做好求职的准备；大四阶段主要是明确专业岗位职责、搜集就业信息、参加招聘会等。二是要重视就业指导课，关注实习就业处的相关信息及国家相关就业政策。三是树立正确的就业观。

（二）成长规划

大学生成长规划的内容主要包括：养成良好的生活习惯，培养健康的兴趣爱好，建立良好的心态，学会自我管理，树立正确的世界观，拥有梦想。

1. 养成良好的生活习惯

良好的生活习惯是个人身心健康的保证，而身心健康是人们学习、工作的基础。大学生精力旺盛，又处于长身体、学知识的阶段，良好的生活习惯可以促使其顺利、成功地度过大学阶段。为了达到身心健康的目的，大学生从踏进大学校门开始，就应着手培养自己良好的生活习惯。

大学生养成良好的生活习惯，应做到：保证合理的营养供应，不暴饮暴食、不采用节食的方法错误减肥；养成良好的作息习惯，合理地安排作息时间；进行适当的体育锻炼和文娱活动；改变吸烟、酗酒、沉溺于电子游戏等不良的生活习惯。

2. 培养健康的兴趣爱好

大学毕业生在参加招聘面试时，常常会被问有什么兴趣爱好。用人单位希望通过这个问题，了解应聘大学生的性格，进而分析该生是否适合招聘的岗位。很多大学生面对这个问题时显得很茫然，有的说不出自己有什么兴趣爱好，有的把上网、玩电游、跑步也当作了兴趣爱好。这些对面试都是无益的。

健康的兴趣爱好对大学生成长非常重要。兴趣是最好的老师，它可以促进一个人最高水平的努力，提高人们的办事效率。兴趣不全是天生的，大多数兴趣可以经过后天培养。大学生应拓宽视野，多接触新鲜事物，多尝试。唯有多尝试，才能知道自己究竟喜欢做什么，什么是自己的最爱。大学生应该充分利用学校的资源，多方寻找适合的平台，培养自己的兴趣爱好。

需要注意的是，健康的兴趣爱好有益大学生成长，不健康的兴趣爱好却极其有害。有的同学迷恋网络，通宵达旦上网；有的同学喜欢赌博、酗酒等，这些都是不健康的，要坚决杜绝。

3. 建立良好的心态

良好的心态，健全的人格，是大学生身心健康的重要标志及学习、就业的重要保障。

当今社会，科技越来越发达，知识更新越来越快，竞争压力越来越大，大学生就业、工作的难度也越来越大，这就需要大学生拥有良好的心态。“态度决定一切”，是对心态作用的最好描述。大学生应该建立的良好心态包括以下几种。

1）成长的心态

大学阶段是学习的阶段、成长的阶段，大学生要拥有成长的心态，敢于尝试，不怕出丑。其实，出丑是为了成长，不能惧怕失败。失败是成功之母，成功者永不放弃，放弃者很难成功。大学生要学会找方法，要知道，成功一定有方法，失败一定有原因。

2）竞争的心态

这是一个竞争的社会，适者生存，不适者淘汰，大学生要想进入社会，取得成功，必须在大学期间培养出一种竞争的心态，提高自己的竞争力。有些大学生，心理承受力较弱，面对就业困难时，心生畏惧，一味逃避，不敢面对，最终成为无业一族，这就是因为缺乏竞争的心态造成的。当然，要想竞争胜出，仅有竞争的心态是不够的，还须不断地充实和完善自己，给自己制订竞争策略和战略规划，并切实践行。

3）责任的心态

每个人都是带着责任来到这个世界上的。美国西点军校规定：每个学员无论在什么时候，无论在什么地方，无论是否进行自己的私人活动，都有责任履行自己的职责和义务。这种履行必须是发自内心的责任感，而不是为了获得奖赏或别的什么。

4）空杯心态

空杯心态是说人要保持一颗谦逊之心，敢于自我否认，不断地吸收新鲜事物，以提高自己的学识、修养。一代武学宗师、功夫巨星李小龙曾说：“清空你的杯子，方能再行注满，空无以求全。”空杯心态并不是一味否定过去，而是不要沉溺过去或者说一切向前看的一种态度，去融入新的环境，对待新的工作，新的事物。大学生是一个年轻的群体，容易接受新鲜事物，最需要这种空杯心态。

5）积极的心态

积极的心态是指积极的心理态度或状态，是个体对待自身、他人或事物的积极、正向、稳定的心理倾向，是一种良性的、建设性的心理准备状态。积极主动的人心中自有一片天地，无论外界阴雨绵绵还是晴空万里，都不会对他们产生影响。积极主动的人知道自己在做什么，知道自己想要什么。这样的人理智胜于冲动，他们能够慎重思考，选定价值观并将其作为自己的内在动力，他们依靠自己的能力来实现自己的人生目标。

积极不是与生俱来的个性，而是可以后天培养而成的，没有一个人天生就懂得怎么去积极主动地去做事。大学生应有意识地培养自己积极主动的心态，为自己美好的未来而奋斗。

6）专注的心态

如果个体能够集中精力专注于一项工作，那么大部分人都能把这项工作做到最好。

能成大事的人都是能够迅速而果断做出决定，目标明确，专心致志地朝这个目标努力的人。一次只做一件事，全身心地投入，并保持积极乐观的心态，这样才是通向成功的正确的道路。

7）平常心

平常心指的是一种淡定的心态，对自己有清醒的认识，能够积极主动地追求自己的目标，竭尽全力，但对结果不过分强求，顺其自然，从容淡定。

4. 学会财务管理

大学是人生的重要阶段，是理财的起步阶段，也是学习理财的黄金时期。对于没有收入的在校大学生而言，大学阶段的财商培养只是训练和演练，目的在于帮助大学生在日常生活中养成良好的理财习惯。学会理财，是大学生为踏入社会做好的一项准备工作，也是尽快适应社会生存法则的捷径。大学生要树立一种正确的金钱意识，学会花钱。即能够量入为出，会计划、会管理、懂得专款专用，花钱有节制。

有大学生认为，在校大学生主要是靠父母出资缴纳学费、支付日常生活开支、完成学业，没有收入来源，实在是无财可理。真的是这样吗？一方面，大学生不合理进行消费，校园“月光族”“负翁负婆”已成为一种普遍现象，这其实就是不会财务管理所造成的。有调查显示，当代大学生实现经济自立的愿望是相当强烈的，69.4%的大学生认为“子女在大学时应尽可能自立”。另一方面，大学生已经成了非正式劳动力市场中的一个相当活跃的群体，他们在很多领域运用自己的能力，获得相应的报酬。因此，大学生学会理财是必要的，也是急需的。

大学生理财的核心可以概括为：开源和节流。

1）开源

开源就是指拓宽收入来源，大学生拓宽收入来源的方式主要有勤工俭学、学会投资两个方面。

（1）勤工俭学。例如，在学校图书馆兼职管理图书，在食堂负责收拾餐桌；在麦当劳、肯德基等餐饮行业兼职做服务生；根据专业的不同在公司兼职做办事员、办公室助理；去超市做促销员、导购员；在报社兼职做记者、撰稿、校稿等。做兼职能使大学生走出校园、接触更为真实和广阔的社会，既能锻炼其人际交往的能力、处理实际问题的能力，又能使其更多地了解社会，提高心理承受能力和适应能力。

（2）接触投资领域。对于很多远离父母，独立生活的大学生来说，平日里打交道机会最多的便是银行。因此，大学生理财可以先从银行开始，通过了解最基本的金融常识、存款利率等基本银行功能开始，学习如何独立理财。但切记一定不要轻易尝试各种校园贷款，以免走上不归路。

对于有一定经济基础的大学生来说，可以适当尝试进行一些真正的投资，如股票、基金定投等。涉足投资领域并不完全是为了挣钱，更多的是一种练习。大学生可以通过对流程的直接参与，使自己更好地认识投资市场，了解金融方面的基本知识，不仅开阔了眼界、培养了能力，还为日后步入社会积累了经验和教训。当然，由于大学生的风险承受能力近乎 0，投资时一定要量力而行。

拓展阅读

校园贷款的危害

一、校园贷款具有高利贷的性质

一些不法分子将目标对准学校，利用学校学生社会认知能力较差，防范心理弱的劣势，进行短期、小额的贷款活动，从表面上看这种借贷是“薄利多销”，但实际上不法分子获得的利率是银行的 20～30 倍，肆意赚取学生的钱。

二、校园贷款会滋生借款学生的恶习

学生的经济来源主要是父母提供的生活费，若学生具有攀比心理，且平时就有花钱大手大脚的恶习，那么大多数父母提供的费用肯定不足以满足其需求。因此，这部分学生可能会通过校园高利贷获取资金，并引发赌博等恶习，严重的还可能因无法还款而辍学，甚至走上犯罪道路。

三、若不能及时归还贷款，放贷人会采用各种手段向学生讨债

一些放贷人进行放贷时会要求学生提供一定价值的物品进行抵押，而且要收取学生的学生证、身份证复印件甚至私密照片，对学生个人信息全面掌握。一旦学生不能按时还贷，放贷人可能会采取恐吓、殴打、威胁学生甚至其父母的手段进行暴力讨债，对学生的人身安全和校园秩序造成重大危害。

四、有不法分子利用“高利贷”进行其他犯罪

放贷人可能利用校园“高利贷”诈骗学生的抵押物、保证金，或利用学生的个人信息进行电话诈骗、骗领信用卡等不法行为。

2）节流

节流就是合理消费，是理财的另一个方面。要做到花钱有度，合理消费应从以下两个方面做起。

（1）树立正确的消费观念。大学生的主要任务是学习，不要片面追求物质享受或和同学攀比，要在自己能够承受的范围内消费。

（2）制订消费计划，合理安排生活支出。自觉抵制超前消费和过度消费，适度参加各种聚会或团体活动。

5. 树立正确的世界观

“青年是引风气之先的社会力量。”作为国家的希望和未来，大学生应该树立正确的世界观，培养民族责任感，以强大国家为己任，立志做一个有利于社会的人。

6. 拥有梦想

梦想是指人们对于美好事物的一种憧憬和渴望，可以给一个人带来巨大的力量，教育家杜士扬老师这样赞叹："梦想点燃了一个人生命的希望和热情，梦想催动了一个人奋起战斗的勇气和决心，梦想激扬着一个人无视眼前的任何困难，梦想鼓舞着一个人百折不挠，永不放弃！"

梦想距理想只有一步，当一个人把梦想当作目标，加以规划、实施，梦想就变成了理想。为了理想，人们可以拼尽全力去实现它、完成它。可以说，人类因梦想而进步，生活因梦想而变得美好。我们看到，现代的人类能够飞上天，登上月球，冲向外太空；不用出门，在手机上轻轻一点，就可以知道天下事，这些古人们的梦想，现在都一一实现了，这无疑是人类的进步。

每一个人都有梦想，但能够坚持梦想的却不多，而那些坚持者常常能取得成功。大学生都怀揣着梦想来到学校，面对生活的现实、就业的压力，大部分学生对于梦想会选择逃避，他们在世俗中奔走、忙碌，把梦想遗忘，最终泯然众人矣。

案例精选

梦想的故事

茫茫无际的大海总是能勾起人们无限的遐想，海的那一头到底是什么？对于那些勇敢的冒险者而言，大海的尽头就是自己的梦想，即便是那些亡命的海贼也有着自己为之奋斗的梦想。

"我要成为威名赫赫的天下第一大剑客！"——一个三刀流的剑客说。

"我要制造一张自己亲眼看见的世界地图。"——一个坚强的女孩说。

"我要成为一个英勇的海上战士。"——一个总爱吹牛的胆小鬼说。

"我一定要找到蓝海。"——一个风度翩翩的厨师说。

"我要成为能医治任何疾病的医生。"——一头害羞的驯鹿说。

"我要成为海贼王！"——一个简单到只有梦想的人说。

于是，一个充满梦想的海贼团扬帆出海。一部传奇就此展开，这部漫画成为日本最受欢迎的漫画作品之一。

这个传奇的缔造者是尾田荣一郎。尾田荣一郎从小在漫画的熏陶中长大，四岁起就梦想成为漫画家，中学时尾田荣一郎就开始创作自己的漫画。他的第一个漫画作品是用铅笔画在纸上的，有关海盗的故事。尾田荣一郎发现自己在"海盗"这个题材上有太多可以发挥的地方，因此暗暗下定决心，要在日本第一漫画杂志《JUMP》上连载他的海盗漫画。为了锻炼自己的画技，尾田荣一郎先后给甲斐谷忍（《翠山警察故事》）、德弘正也（《不文泰山》）、和月伸宏（《浪客剑心》）这三位漫画家做过助理。在给和月伸宏当助理期间，尾田荣一郎用闲暇时间创作了海盗题材的漫画《Romance Dawn》，这部漫画虽然没能得以刊载，却成为《海贼王》的雏形。尾田荣一郎不断朝着自己的梦想前行，如今《海贼王》单行本销量已经逼近 1 亿本，尾田荣一郎也从漫画助理变成了日本顶级的漫画家。他的《海贼王》被人评为“有望赶上《龙珠》的日本漫画界的希望。”

资料来源：百度文库，https://wenku.baidu.com/view/0bdd44dd83d049649a665820.html

（三）社会实践规划

参加社会实践活动有助于大学生通过体验自己学习和工作上的成功与不足，进行自我反思，不断地完善自我，进一步提高自身综合素质。从而培养出广大学生的创新意识，激发学生勤奋学习、勇于创新、奋发成才的积极性和主动性，推动大学生“创新教育、实践教育”向纵深发展，也让其平时的理论学习有付诸实践的机会。

大学生社会实践规划主要包括参加大学社团、社会实践活动和实习 3 个方面。

1．参加大学社团

大学生活只有短暂的 4 年，转瞬即逝，应好好珍惜，选择一个感兴趣的社团好好锻炼自己是每一个大学生都应该考虑的。社团为大学生提供了一个与人和社会接触的机会，从中可以提高自己的社交能力、实践能力、自制能力、生存能力，填补某些性格上的空白，也可以增进同学之间的相互了解，结识更多的新朋友。

大学社团种类很多，面对各种各样令人眼花缭乱的社团组织，新生应该按照自己的特长与爱好，明确自身定位，选择合适的社团。在选择社团时，还要综合多方面的因素和条件，考虑清楚后再做决定，切不可草率、贪多，也不能抱着功利性的想法。一旦入选某个社团，就得认真去做好社团的每一项工作，坚持到底。

2．社会实践活动

“学以致用，贵在实践”，大学生必须把自己的所学应用到实践中去，在实践中增长自己的见识和才干，体现自身价值。参加社会实践活动可以提高大学生应付各种情况的能力，培养解决问题的能力；促进集体协作，提升交往能力。社会实践还可以培养大学生吃苦耐劳的精神，使他们学会管理自己，发掘自身潜能，以适应世界和时代的变化，增强生存能力。

那么，大学生应该如何开展社会实践活动呢？

首先，可以利用假期和课余的时间参加社会实践活动。例如，前往国有大型企业参观，领略国企改革的成就；定期参加学校开展的报告活动和学校社团活动；到农村进行农民生活状况的调查；作为青年志愿者深入社区，走进千家万户，帮助社区解决实际问题等。此外，许多单位也会在假期时有更多的用人需求，尤其是服务行业，向大学生提供了许多临时性工作岗位。大学生在寒暑假参加社会实践活动，既可以锻炼自己的自立能力，又可以预先适应社会，为自己以后就业打好基础。当然，利用课余时间如中午、晚上也可以参加勤工俭学等社会实践活动，但这样将会挤占大部分自我学习时间，对大学生丰富知识、精修专业是有一定负面影响的，一般情况下并不提倡。

其次，必须明确参加社会实践活动的目的。大学生参加社会实践，应该明确自己为的是什么，是开拓视野、适应社会、学会独立、解决经济困难还是专业实践？或者兼而有之？只有明确了目的，才能够在实践中获得自己想要的收获，否则，一心只为赚钱，就失去社会实践的意义了。

最后，要做好社会实践总结。做好社会实践总结，可以让自己明确取得了哪些收获，得到了哪些经验教训，哪些是成功的，哪些是需要改进的，从而在以后的学习工作中，扬长避短。

3. 重视实习

实习对大学生来说意义重大，主要体现在：

（1）完善专业技能，增强动手能力。当前，我国大部分高校给大学生在校期间安排的学习都是以理论学习为主，大学生获得的实践操作机会相对有限，这就导致他们的专业技能是有缺陷的，实习可以解决这个问题。在实习单位，大学生可以亲眼看见专业知识如何运用在实践中，并且在老师的指导下，他们可以亲手操作，从而把抽象的理论转化为实际的技能，提高自己的专业能力。

（2）了解职业与行业，确认喜欢或擅长的职业。了解职业与行业有很多方法，如阅读相关的文章，请教业内人士，但最直接的方法还是亲自做这份工作。在做的过程中，你可以确定自己是否喜欢这份工作，自己能否胜任。如果喜欢又胜任，以后毕业找工作，就可以把它作为目标职业；反之，就要寻找新的工作方向。

（3）为从学生角色向职业人角色转变做准备。人们常说，大学是个象牙塔。确实，学校与职场、学习与工作、学生与员工之间存在着巨大的差异。在角色的转化过程中，人们的观点、行为方式、心理等方面都要做适当的调整。而实习提供了一个机会，让大家接触到真实的职场。有了实习的经验，以后毕业工作时就可以更快、更好地融入新的环境，完成学生向职场人士的转换。

（4）增强找工作时的竞争优势。曾经有公司做过一项调查“雇主如何选择应届毕业生”，参与调查的公司包括外企、国企和民营企业，规模也有大有小。有一个题目是让他们选择看重的方面，包括学校、专业、成绩、证书、实习经验、社会实践和户口等。结果不同性质与规模的公司侧重点有较大的不同，唯有一个要素是所有公司都重视的，那就是和应聘职位相关的实习经验。所以，如果在大学期间有相关的实习经验，在找工作时会有很大的优势。而且不少公司会挑选实习生中的优秀者留下来成为公司的正式员工，这样的招募方式正被越来越多的跨国公司使用，并成为其挖掘“早期人才”的战略之一。例如，IBM 某年的实习生中有 50%留在了 IBM，他们希望今年这个比例可以提高到 80%。

实习是大学生对自己未来职业的一种体验，只有亲身经历后方能进一步确定自己的目标职业是否正确，理想中的职业与实际中的职业是否有差距，差距是多大，自己是否能够接受。而对于招聘公司来讲，实习经验是他们检视大学生能力的一种方式。如果连实习都不能完成，怎么能相信个人可以胜任以后的正式工作呢？

大学生在实习前应对实习有所规划，对是否需要实习、到哪里实习、在实习中取得哪些职业素养做到心里有数，而且在实习中对自己遇到的困难要坦然面对。实习结束后尽可能请实习公司为自己的实习经历写一份实习评估或是评价，这种来自实习单位的评论，对大学生未来的求职有很大作用。

知识链接三　职业生涯规划的实施

一、撰写职业生涯规划书

一个人的职业生涯历程是完整而连续的，但也是分阶段的，在每个阶段都有相应的任务和目标。只有充分认识到人在职业生涯发展的各个不同阶段的特点和规律，才能更好地规划自己的人生，最终实现自己的目标。国内外学者们提出了各自的阶段划分理论。

（一）职业生涯规划书的主要内容

职业生涯规划书是职业生涯规划的书面化呈现，包括扉页、自我评估、环境分析、职业选择、生涯策略和评估反馈等基本内容。

1. 扉页

扉页包括题目、姓名、基本情况介绍（如专业、年级等）、规划年限、年龄跨度、起止时间。其中，规划年限视个人具体情况而定，短则半年，长则 5 到 10 年，一般以 3 到 5 年为宜。

2. 自我评估

职业生涯规划书中的自我评估可包括个人经历回放、个人性格评估、个人能力判断、个人职业倾向分析、个人职业价值观判断、自我分析与评估总结等内容。

3. 环境分析

职业生涯规划书中的环境分析可包括社会环境分析、学校环境分析、家庭环境分析、行业环境分析、组织环境分析、职业分析、岗位分析和环境分析结论等。

4. 职业选择

选择职业就是选择人生。这一部分包括选择职业方向、判断职业价值、分析职业发展潜力、明确职业发展路径等内容，力求使自己的素质潜能与职业目标实现最佳配合。

5. 生涯策略

职业生涯规划书中的生涯策略可包括长期、中期、短期的职业生涯计划，各阶段计划的分目标，计划内容（专业学习、职业技能、职业素养），计划实施策略等。

6. 评估与反馈

职业生涯规划书的评估与反馈可包括预评估的内容、可能存在的风险、风险应对方案等内容。

（二）职业生涯规划书的基本格式

1. 表格式

表格式的职业生涯规划书一般仅包括个人情况基本介绍、职业目标的说明、各阶段规划任务与发展策略。它是一种简约直观的职业生涯发展设计文件，有的只相当于一份完整的职业生涯规划书的计划实施方案表。这种格式的规划书更适合用作阶段任务的提示。

案例精选

表格式职业生涯规划书

表 4-3 所示是某大学三年级艺术设计专业的学生设计的表格式职业生涯规划书。

表 4-3 表格式职业生涯规划书

基本情况	姓名：×× 性别：女 专业：艺术设计 年级：本科三年级 专业基础扎实，略通经贸知识，已通过大学英语四级考试；热情乐观，极具亲和力，具有较强的人际沟通能力；思维敏捷，表达较流畅；在大学期间长期担任学生干部，有较强的组织协调能力；创新意识较强，有很强的学习能力
职业目标	知名设计师、高级工程师（艺术设计方向）
发展策略（职业生涯发展路线）	设计员—独立设计师—设计经理、设计总监—高级工程师、知名设计师或企业高级管理人员
短期规划	通过实践学习，深入了解外国的企业管理理论和设计理念，积累一定的实践经验；通过 ICAD 初级国际商业美术设计师职业资格认证，以优异成绩完成本科学业并找到一份艺术设计方向设计师的工作；踏实努力工作，积累工作经验，提高从业能力，早日成为具备独立设计能力的设计师
中期规划	熟练处理本职工作，工作业绩在同级同事中较突出；熟悉企业运作机制及企业文化，能与公司管理者进行无障碍沟通；通过 ICAD 中级国际商业美术设计师职业资格认证；成为设计经理、设计总监
长期规划	拥有广泛的社会交际关系，能在国内外专业刊物上发布自己的作品；完成 MBA 的深造学习，取得硕士学位；成为知名设计师或高级工程师

资料来源：初秀伟，张福新.《大学生职业指导与创业教育》，北京：航空工业出版社，2011

2. 条目式

条目式规划书包含一般职业生涯规划书的主要内容，但语言表述简单，以条目形式一一列出，缺乏详细的材料分析和评估，简单明了，规划过程的逻辑性不强。

案例精选

条目式职业生涯规划书

一、大学毕业后的十年总体规划

时间：2020—2030 年。

美好愿望：事业略有小成。

职业方向：外贸金融类就业者中的佼佼者。

总体目标：完成本科研究生学习，进入大型外贸公司。

二、社会环境分析

（1）社会一般环境：中国政治稳定，经济持续发展，在全球经济一体化环境中扮演着重要角色。经济发展有强劲的势头，大批外国企业进入中国市场，中国的企业也将走出国门。

（2）职业特殊社会环境：以贸易全球化为重要内容的经济全球化，对我国经济和商务发展产生了深刻影响。深入分析和把握当前国际贸易的发展趋势和特点，对于我们科学决策，在更大范围、更广领域和更高层次上参与国际经济合作与竞争，主动利用经济全球化带来的各种机遇，具有十分重要的意义。

三、行业环境分析

当前国际贸易的发展呈现出六大趋势：

（1）国际贸易步入新一轮增长期，贸易对经济增长的拉动作用愈加凸显。

（2）以发达国家为中心的贸易格局保持不变，中国成为国际贸易增长的新生崛起力量。

（3）多边贸易体制面临新的挑战，全球范围的区域经济合作势头高涨。

（4）国际贸易结构走向高级化，服务贸易和技术贸易发展方兴未艾。

（5）贸易投资一体化趋势明显，跨国公司对全球贸易的主导作用日益增强。

（6）贸易自由化和保守主义的斗争愈演愈烈，各种贸易壁垒花样迭出。

四、个人分析与角色建议

1）个人分析

（1）自身现状：英语水平有待提高；经贸知识需强化；具有较强的人际沟通能力；思维敏捷，表达流畅；有较强的组织协调能力；有很强的学习愿望和能力。

（2）性格、爱好：性格外向，乐观豁达；爱好打篮球、桌球，看电影……

2）角色建议（周围的人给自己的评价及建议）

父母：要不断学习，能力要强；工作要努力，有发展，要在大城市，方便我们退休后搬来一起居住生活。

老师：勤奋、有上进心、灵活、有纪律。

同学：有较强的工作能力、责任感强……

五、职业目标分解与组合

职业目标：分阶段阐述。

成果目标：通过实践学习，熟练掌握外贸需要的知识经验和学历目标。

学历目标：完成本科学业，适时考取研究生；尽量考一些相关的资格证书。

能力目标：学习成绩、工作业绩在集体中居于突出地位；熟悉外资企业运作机制及企业文化，能与公司管理者进行无阻碍的沟通。

经济目标：达到年薪 20 万以上。

六、成功标准

我的成功标准是个人事务、职业生涯、家庭生活的协调发展。

七、职业生涯规划实施方案

规划实施存在的障碍：

（1）快速适应能力欠缺。

（2）身体适应能力有差距。

（3）社交圈太窄。

（4）英语水平有待提高。

（5）外贸知识不是很熟练。

八、解决方法

（1）充分利用本科毕业前在校学习的时间，学习所需的知识和技能。包括参与社会团体活动，广泛阅读相关书籍，选修、旁听相关课程，报考技能资格证书等。

（2）养成良好的锻炼、饮食、生活习惯。每天保证睡眠 6～8 小时，每周锻炼三次以上。

（3）充分利用自身的条件扩大社交圈，重视同学交际圈，重视和每个人的交往。

资料来源：初秀伟，张福新. 《大学生职业指导与创业教育》，北京：航空工业出版社，2011

3．论述式

论述式规划书通常格式完整、规范，通过对自身条件、职业人士以及职业目标的定位分析来说明职业生涯规划的依据，对个人职业生涯的选择规划进行全面而详尽的分析和阐述，充分反映规划主体的内心思考过程。

案例精选

论述式职业生涯规划书

姓　　名：风华

规划期限：4 年

起止时间：2020 年 9 月至 2024 年 7 月

年龄跨度：18～22 岁

阶段目标：顺利毕业，成为一个有一定经验的市场营销人员。

总体目标：成为一家大公司的业务主管。

个人分析：性格外向，具有较强的人际沟通能力，思维敏捷，表达流畅，有较强的组织协调能力，曾经有过兼职推销人员的经历并取得相当不错的成绩。而且，自己所学的专业也是经济学专业，这也正是自己的兴趣所在。

一、目标分解与目标组合

1. 目标分解

目标可分解成两个大的目标：一是顺利毕业，二是成为一个有一定经验的市场营销人员。对于第一个目标，又可分解为把专业课学好和把选修课学好，以便修完足够的学分，顺利毕业。接下来，还可以细分：在专业课程中，如何学好每一门课程；在选修课程中，需要选择哪些课程，如何取得相关资格证书。对于第二个目标，又可分解为接触市场阶段、了解市场阶段和熟悉市场阶段。接下来，还可以细分：在接触市场阶段，要采用什么方法，和哪些公司保持联系等。

2. 目标组合

顺利毕业的前提是学好专业课程，而专业课程的学习也对职业目标（成为一个有一定经验的市场营销人员）有促进作用。

二、具体实施方案

要成为一个有一定经验的市场营销人员，需要缩小自己和有一定经验的市场营销人员的差距。这些差距包括以下几项。

1. 思想观念上的差距

刚从事销售的人一般会认为销售只是卖出商品，但有一定经验的人则会认为销售是“卖出自己”——客户只有相信销售者，才可能购买商品。为了缩小这种差距，需要向有经验的人员请教，并在实践中去体会这一点。

2. 知识上的差距

书本知识的欠缺只是一个方面，更重要的应当是实践的差距。为了缩小这种差距，需要在学习书本知识的同时，多参与真正的市场销售，在实践中体会书本知识。

3. 心理素质的差距

市场销售需要百折不挠的精神，而作为一个被人称为“天之骄子”的大学生，缺少的可能恰恰是这一点。这种差距，需要在实践中逐步消除。

4. 能力的差距

这一点可能是最重要的。为了缩小这种差距，除了在实践中逐步学习外，还要和销售高手保持密切的联系，以便随时请教和学习。

检查和反馈：在向销售高手请教的过程中，发现自己需要学习的书本知识还有很多，特别是外语方面能力需要提高，否则，就无法适应现在的销售要求。所以决定加强英语的学习，准备报一个英语的口语班，每周上一次课，同时，准备参加学校里的英语角，切实提高英语水平。

美国的成功学大师安东尼·罗宾斯曾经提出过一个成功的万能公式：成功=明确目标+详细计划+马上行动+检查修正+坚持到底。从这个公式可以看出，要想成功，首先要明白我们的目标和详细的计划。在职业生涯领域，我们首先需要选择一个最适合我们发展的行业和职业，然后确定目标，同时对整个职业生涯进行初步规划，最后付诸行动，并且经常对自己的目标和计划进行检查修正，最后坚持到底，定能获得职业生涯的成功。

资料来源：初秀伟，张福新.《大学生职业指导与创业教育》，北京：航空工业出版社，2011

二、制订职业生涯规划实施方案

职业生涯规划的目标设定好之后，大学生应根据这一目标制订配套的实施方案，并依据实施方案来行动。如果说目标是结果，那么实施方案就是过程，是根据目标所制订的为了达到目标而必须采取的行动措施。有没有实施方案，决定了个体是主动地接近目标，还是被动地适应外界环境。

在现实生活中，经常有人做事半途而废。究其原因，有很多是因为目标过大、过高，在实施的过程中，没有对目标进行阶段性的分解并制订科学、可行的实施方案，最终导致自己离目标越来越远。因此，在制订职业生涯规划的实施方案时，应该把大学四年的总体目标分解成一个个具体的阶段性目标，制订出一个个相应的阶段性实施方案。这样，只要坚持实施这些阶段性方案，完成这些阶段性目标，大学四年的生涯目标就一定能实现。

制订大学生职业生涯规划实施方案，应与职业生涯规划的目标一致。例如，职业生涯规划中有大学四年的发展目标，有在发展目标下制订的学业目标、生活成长目标和社会实践目标等内容，也有以年度、学期、月、周、日为规划单位的阶段性目标。根据这些目标，分别制订出三年、两年、一年的实施方案，以及一月、一周、一日的行动计划。计划制订完成后，再将一日、一周、一月的计划实行下去，直至实现自己的一年、两年、三年和四年目标，让自己的大学生活始终处于“有目标、有方案、可测、可调”的状态下。

（一）大学四年的规划实施方案

大学四年的规划实施方案是根据自己的毕业发展目标制订的行动方案，可以年度为单位来制订行动计划。例如，自己的发展目标是大学毕业后考研，那么在学业上就要高质量地完成本专业要求的理论和实践课程，加强外语能力，并提升政治理论水平。大学四年的规划实施方案表如表 4-4 所示。

表 4-4 大学四年的规划实施方案表

实施时间		学业方面		成长方面		实践方面	
		目标	方案	目标	方案	目标	方案
第一学年	上学期						
	下学期						
第二学年	上学期						
	下学期						
第三学年	上学期						
	下学期						
第四学年	上学期						
	下学期						

（二）年度（学期）行动计划

年度或学期行动计划是为了完成年度任务而制订的配套实施方案。例如，要在第一学年通过高校英语应用能力考试，就要完成单词量的积累，或者在考前 3 个月内规划学习进度，分配时间完成单词准备、语法提升以及阅读和翻译能力的提高，考前 1 个月做模拟考试练习和考试技巧的培训等。年度（学期）行动计划表如表 4-5 所示。

表 4-5 年度（学期）行动计划表

实施时间	学业方面		成长方面		实践方面	
	目标	方案	目标	方案	目标	方案
1 月						
2 月						
3 月						
4 月						
5 月						
6 月						

（续表）

实施时间	学业方面		成长方面		实践方面	
	目标	方案	目标	方案	目标	方案
7 月						
8 月						
9 月						
10 月						
11 月						
12 月						

（三）月度行动计划

月度行动计划围绕月度目标来制订，应以每周为单位来安排任务。例如，若计划本月完成 3 000 个单词的学习，则前两周可安排每周 1 000 个单词的学习，后两周安排每周 500 个单词的学习等。在这些计划中，都应包括要做的工作、应完成的任务，以及对数量和质量的要求等。月度行动计划表如表 4-6 所示。

表 4-6　月度行动计划表

实施时间	学业方面		成长方面		实践方面	
	目标	方案	目标	方案	目标	方案
第 1 周						
第 2 周						
第 3 周						
第 4 周						

（四）周行动计划

周行动计划围绕周目标来制订，应以“天”为单位来制订行动方案。还是以英语学习为例，如果一周要完成 1 000 个单词的学习，那么每天至少要完成 150～200 个单词的积累。周行动计划表如表 4-7 所示。

表 4-7　周行动计划表

实施时间	学业方面		成长方面		实践方面	
	目标	方案	目标	方案	目标	方案
周一						
周二						
周三						
周四						

（续表）

实施时间	学业方面		成长方面		实践方面	
	目标	方案	目标	方案	目标	方案
周五						
周六						
周日						

（五）日行动计划

日行动计划围绕每天的目标来制订，一般会具体到每个小时的任务安排。例如，每天早上和晚上各安排一个小时的英语学习。每天晚上进行当日总结和浏览第二天的计划。需要注意的是，大学生在制订计划的同时，也应给自己留出足够的休息和休闲时间。一日行动计划表如表 4-8 所示。

表 4-8 日行动计划表

实施时间	学业方面		成长方面		实践方面	
	目标	方案	目标	方案	目标	方案
6:00～7:30						
7:30～12:00						
12:00～14:00						
14:00～17:30						
17:30～18:30						
18:30～21:00						
21:00～22:00						
22:00～6:00						

总之，有了科学、合理的大学职业生涯规划和与之配套的实施方案，就必须根据该方案严格实行，才能使自己向着既定的目标迈进。

在许多情况下，大学生活中可能出现许多意外或紧急的工作或事件，干扰了计划或打乱了安排，此时，我们应该加倍珍惜时间，把耽误的任务尽快弥补回来。同时，在制订具体方案时，要留有一定的机动时间处理这些突发或紧急事件。此外，为了保证自己的行动与预期的目标一致，还需要最大限度地根据所确定的职业生涯发展规划，约束自己的行为。

拓展阅读

如何更好地实施职业生涯规划

以下几项措施能够帮助大学生更好地实施自己的职业生涯规划方案。

第一，经常回顾构想和行动规划，以积极的心态朝目标努力。有些人虽然制订了计划，但总是不将计划放在心上，只要有事做，就忘记了自己努力的方向，缺乏时间观念，导致贻误职业生涯发展机会。

第二，如果自己的理想发生了变化，职业生涯构想和行动规划也要做出相应的变动。计划需要和现实目标结合起来，实施动态管理，否则就缺乏了灵活性，将会导致计划执行过于僵硬甚至所要达成的目标最终落空。

第三，把学业构想和任务方案放在经常能看到的地方，如贴在床头、写在日历上，时刻提醒自己。

第四，当做出一个对学习和生活极其重要的决定时，先考虑一下职业生涯构想和行动规划，并确保当前的决策与自己的职业生涯目标相匹配。有些决策虽然能获得短期内的收益，但从长远考虑却有损失。例如，很多大学生在毕业后是考研、考公务员还是就业的问题上犹豫不决，此时就应该明确自己的目标和设想，以避免出现随大流的盲目行为。

第五，与亲朋好友讨论自己的职业生涯构想和行动方案，并询问实现该构想的途径。在执行实施方案的过程中，我们往往在遇到困难时容易退却，并且也没有在心理上形成压力。如果事先将自己的设想告诉家人和朋友，征求他们的意见和建议，再采取行动，既可以集中大家的智慧，帮助自己设计最优的策略和方案，也可对自己进行约束。

第六，保证至少每3个月检查一次自己的学习进度。通过过程监督，可以发现职业生涯规划中存在的问题，检查计划的落实情况，从而有针对性地提出解决方案。如果感到生活过于忙乱，那就意味着目标不合理，需要进行调整。适时、适当地降低目标，可以使自己制定的目标更合理，成就水平更高。如果感到自己的生活节奏很慢，效率很低，无法实现原有的职业生涯规划目标，则要考虑自己的动机水平是否足够高。

资料来源：道客巴巴，http://www.doc88.com/p-7304952882942.html

三、职业生涯规划实施方案的评估

影响职业生涯规划的因素有很多，有的因素是可以预测的，而有的因素则是难以预料的。在此情况下，要使职业生涯规划实施方案行之有效，就需要时时审视内外环境的变化，不断地对职业生涯规划实施方案进行评估，以调整自己发展的步伐。

（一）实施方案评估的内容

一般来说，职业生涯规划实施方案的评估可以归结为自身的素质和行为对现实环境的适应性判断，即针对变化的环境，分析自己的现状，找出偏差所在，并做出修正。

实施方案评估的内容主要包括以下 4 个方面。

（1）职业生涯机会的重新评估。即结合现实的社会、经济、行业及组织环境来分析自己未来的发展空间及可能性。随着时间的推移，每个人周围的环境也将发生改变，可能会给个人的职业生涯发展带来新的可能性，使得当初设定的职业生涯规划目标和实施策略变得不适合。

（2）自我条件的重新评估。即在实践的基础上，重新认识和分析自我，找到自己的不足和优势，进一步对物质自我、社会自我、心理自我进行比较和分析。

（3）职业生涯实施策略的变更。重新调整、变更职业生涯实施策略，进一步调整自己的优点、特长，弥补自身的不足。

（4）职业生涯目标的重新修正。任何一个行动计划在实施之后都可能出现以下几种情况：第一，目标基本完成；第二，目标轻松完成；第三，目标没有完成。目标基本完成，说明目标设定合理、行动得当，实施方案合适；目标轻松完成，说明目标设定过低；目标不能完成，则可能是目标设定过高，目标设定合理但行动方案不合适，或目标和行动方案都配套，但行动力不足。

（二）实施方案评估的原则

1．全面性

实施方案的反馈与修正应当全面。既要看到自己的优点和特长，又要看到自己的缺点和不足；既要对自身某一方面的素质进行具体评价，又要对整体素质进行综合评价；既要考虑到整体因素，又要考虑到其中占主导地位的重点因素。反之，任何一种片面的、孤立的、不分主次的评价，显然都不可能全面而正确地反映自己的整体素质状况。

2．评价适度性

评价应该适当，不能矫枉过正。既不要过高地评价自己已取得的成绩，也不能因为某些挫折而过分悲观。过高的评价往往使自己脱离现实，意识不到自己的条件限制，甚至自傲狂妄，由自信走向自负；过低的自我评价，往往忽视自我的长处，缺乏自信，过于自卑。过高或过低的自我评价，对自己都是不公正的，对自己重新选择职业都将产生极为不利的影响。

3．发展性

在进行实施方案的反馈与修正时，应以发展的眼光看待原先制订的职业生涯规划的目标和策略。世间万物都不可能是静止不变的，包括自我条件、职业生涯目标、职业生涯实施策略和职业生涯机会等。大学生不但应当对自己的现实素质、现有的职业生涯目标、职业生涯实施策略和职业生涯机会等作出适当、全面、客观的评价，而且应当着眼于未来的发展，有预见性地进行反馈与修正。

4. 客观性

实施方案的反馈与修正还应当遵循客观性的原则。尽管是对自己进行观察、分析和评价，也需要以客观事实作为基础和依据。要努力克服和排除自身各种因素的限制及干扰，才有可能使自我反馈与修正趋于客观和真实。

（三）实施方案评估的方法

使用 PDCA 循环法对职业生涯规划进行评估调整

PDCA 即是计划（plan）、执行（do）、检查（check）、行动（action）的英文单词首字母组合。PDCA 原本是美国管理学家戴明提出来的质量管理理论，其不仅可以用在质量管理体系中，宏观地看，它更是一个很好的方法论，可以运用到职业生涯管理活动中。

职业生涯规划实施方案的执行与评估，同样应该遵循 PDCA 的循环体系，即整个过程可以分为计划、执行、检查与行动 4 个步骤。各个步骤之间紧密相连，形成封闭的循环链条。当一个 PDCA 循环完成时，下一个 PDCA 循环又会开始，从而为职业生涯管理提供一个长期的、持续的支持与反馈活动。这是一个往复循环、逐步提高的过程，由量变到质变的一种行动模式。

1. 计划

一个职业生涯成功的人，在其每个职业阶段中应该都有明确的目标，才能一步一个脚印，从低阶职位迈向高阶职位。刚毕业的大学生对其第一份工作肯定有憧憬，但是造化常常弄人，一个看似好的计划其结果并不一定成功。如何才能制订一个好的计划呢？首先要对自己有一个全面和正确的认识，即所谓的知己知彼、百战不殆。其次计划的制订必须符合实际情况。

2. 执行

好的计划归根到底在于执行，对于执行，从古至今有很多的说法：言行一致、讷于言而敏于行，说的都是行的重要。行动贵在坚持，这其实是非常困难的一件事，也就是常言的“说着容易，做着难”，许多人都懂得这一点，但能持之以恒坚持下来的人很少。不能坚持执行的原因大多在于当初制订的计划不切实际，例如，自身的长处在销售，但偏偏希望在技术方面有所发展，这不仅会让自己在追求技术能力的道路上走不远，还会让自己非常痛苦。对于职业生涯的某一阶段，个人为达成目标所实施的行动，必须是让自己感到快乐的，是兴趣所在，同时也是一个比较合理的过程，这样才能坚持到底。

无数人每天都会产生无数的想法，看到别人的成功，也要改变自己的生活状态，他们觉得如果自己处于他人的位置，也能做得很成功。需要指出的是，只有规划、没有行动是永远达不到彼岸的。不惧风险、排除风险、立即行动才能拥有理想中的工作和生活。

3. 检验

检验即检查实施的结果与计划是否一致。对于检查，需要确定时间点和标准两个因素。

通常而言，某一阶段的职业生涯规划大目标下会分成几个子阶段，每一个子阶段都可以作为一个检查点。检查的标准是当初设定的计划，如果完成了计划，那么执行是成功的，否则就不成功。

每一个有志于掌握自己命运的人，在工作了一个阶段过后，都会拿现在的自己和过去的自己、拿自己和别人、拿现状和理想做一番比较，都会反省一下自己今天所做到的与自己的理想还有多远，也会扪心自问是否满意自己的选择和努力。通过不断的自检，及时发现问题、解决问题，是人进步和发展不可缺少的反省过程。

4．行动

这里的行动是指改进，即在对执行的结果进行检验的基础上，纠正错误、调整方向。对于检验中没有达成的目标进行判断，是计划有问题还是执行有问题，如果计划有问题，就应当调整计划，进入一个新的 PDCA 循环；如果执行有问题，应当分析自己在时间、精力、金钱上的投入是否不足，方法上有没有问题。例如，在子计划中，学习计划没有完成，此时就需要分析花在学习上的时间是否足够、参加的专业培训是否必要、资料是否充足、学习方法是否合理等。深入挖掘导致执行不成功的因素，找到原因后，针对问题加以改进，然后进入下一个 PDCA 循环。周而复始，直到职业生涯有更好的发展。

在使用 PDCA 循环来评估我们的职业生涯规划实施方案时，应注意以下几点问题。

（1）PDCA 循环的 4 个阶段缺一不可。计划—执行—检查—行动（改进），这是使职业生涯规划将输入转化为输出的一个过程，必须形成闭环管理，4 个阶段缺一不可。

（2）大环套小环。大环套小环，一环扣一环，小环保大环，推动大循环。PDCA 循环的 4 个阶段中，每个阶段都可能有其自身的 PDCA 循环。其中，需要特别关注的是 PDCA 循环中的“A”（行动）阶段。这一阶段是采取措施以持续改进过程业绩，是 PDCA 循环中的关键环节，没有此环节，已取得的成果无法巩固（防止问题再发生）；没有此环节，人们的问题意识可能不会有明显的提高；没有此环节，也提不出“遗留问题”或新的问题，循环将就此搁浅，无法持续下去。

（3）循环前进，阶梯上升。按照 PDCA 循环前进，就能达到一个新的水平，在新的水平上，再进行 PDCA 循环，就可以达到一个更高的水平，实现持续改进。

在职业生涯规划体系中，PDCA 循环是一个动态的循环。它可以在职业生涯规划体系的每一个过程中展开，也可以在整个过程的系统中展开。

（四）实施方案评估的注意事项

为保证职业生涯目标的实现，在进行职业生涯规划实施方案的评估时，要具有目的意识、问题意识和改善意识，这也是评判其工作方法是否有效的重要标准，以引领大学生在通往目标的道路上走得更好。

1．目的意识

目的意识就是行为主体对行动目的的认知。经常会看到某些人所做的很多事情与最终目标没有多大关系，虽然这样的人在工作中很卖力，但在衡量一个员工的工作业绩时，是看其工作目标的实现程度与投入成本的比较，而不只看他的工作量。例如，某人被安排出去参加培训，学习线上教学资源制作方面的知识，那么，其目的就是要通过学习，提升自己的线上教学资源制作能力。这样，对培训结果的监控就显得非常重要，学习回来以后，个人不仅要写外训心得报告，而且要在报告中应写明自己根据学到的内容准备如何改进工作，改进哪些方面的工作等。

2. 问题意识

问题意识是个体在认识活动中经常遇到一些疑难的问题，并产生怀疑、困惑、探索和焦虑的心理，这种心理又促使个体积极地提出问题和解决问题。在职业生涯规划实施方案评估的过程中，要不断地反思当中的问题，哪些做法有欠缺、有不足。其原因之一是自己收集的资料不可能完全准确、齐全、客观，而评估本身也是一个主观行为，有可能存在偏差；另一方面，事物总是在不断的发展和变化之中，有些突发因素会在个人实施计划时出现，从而影响目标的实现。

此外，当前的职场环境也使得具备问题意识变得十分必要。职场竞争日益激烈，职业生涯机会来之不易，而且市场千变万化，如果没有问题意识，可能就要付出沉重的代价。凡是可能出现的问题一定会出现，况且事物的发展都有其必然性。如果具备问题意识，也许就能够提早发现问题，并预测它的严重性，以便及时修正计划。如果在做准备工作的时候，具备强烈的问题意识，会让我们做更缜密的思考，督促我们采取预先防备的措施。

3. 改善意识

改善意识是指找出问题后，一定要去改善。特别强调一点，那就是大学生应具备持续改善的能力。

拓展阅读

5 个可以帮助你不断改善手头工作的方法

简单化：是否能用更简单、更省力的方法进行？

替代化：能否用机器、用别的途径代替？

整合化：能否将两项工作合并处理？

分散化：是否分开做更有效率？

废止化：这项工作是否真的有必要？可不可以不做？

四、职业生涯规划实施方案的修正

在职业生涯规划实施方案的执行进程中，无论是社会、组织环境还是自身，都会发生这样或那样的变化，很多变化都是事先难以预测的。这些不确定因素的存在，可能会使实施方案的执行结果偏离原来的规划目标，这就要求我们应时时注意内外环境的变化，不断地审视自我，不断地调整自我，不断地修正策略和目标，这个过程就是大学生职业生涯规划实施方案的修正过程。

大学生进行职业生涯规划实施方案修正的根本目的，就是让自己时刻保持最佳状态，在通向最终目标的道路上跨越障碍，走得直、走得快、走得稳，谋求可持续的发展。

（一）实施方案修正的内容

要使职业生涯规划实施方案行之有效，就需要对其进行修正。修正的内容包括：自我重新分析；职业生涯目标的修正；职业生涯路线和职业的重新选择；实施措施与计划的变更等。

在对自己的职业生涯规划实施方案做出修正时，大学生通常需要回答以下一些问题。

人们认为我值得这么做吗？我有机会显示自己的长处吗？我能做出一定的贡献吗？我的才能会受到赏识吗？

这项工作将给我提供一个测试自我的机会吗？我有能力做好这项工作吗？我擅长这项工作吗？我喜欢这项工作吗？我将如何应对这项工作给自己带来的焦虑和紧张？我能顶住这项工作带来的压力吗？

我在组织中的成员资格会符合自己的理想、强化个人的自我意向吗？我会为自己与这种职业或组织结构融为一体感到骄傲吗？

我会取得工作与生活的平衡吗？我有时间满足家庭和个人的乐趣吗？我会对工作感到力不从心吗？

当然，职业生涯规划一旦制订，就不要轻易改变，在遇到一些不确定因素的影响时，我们一般只对短期规划和中期规划做些调整，人生规划与长期规划的调整一定要慎重地考虑。

（二）实施方案的修正策略

1．做好成长规划并积极参加训练

大学生在大学阶段的成长是顺利就业、成功创业的基础，合理地规划自己的大学生活，制订切实可行的大学期间的成长计划，对每一位大学生而言都非常必要。有计划的成长会加快大学生在校期间的发展速度，有利于职业竞争力的快速提升，要尽可能多地参加各种层次的成才、成长培训和训练，从而不断提高自己多方面的能力。

2．树立成功意识

在职业生涯规划的实施中，大学生成功的愿望非常重要，只有愿意成长、希望成才、渴望成功的人，才有可能自觉地规划自己的人生，并走向成功。

3．积极参加探索和实践

自我探索、自我规划、自我成长和自我完善的理念至关重要，在这种理念的指引下，大学生才能够积极、主动地投入到各种成长活动中。

社会实践和职位实习是大学生了解社会的有效途径，通过社会实践和职位实习，大学生能够对社会的政治、经济发展趋势有更为直观的了解和理解，对社会、对人才的素质要求有更加直接的认识，有利于大学生根据社会需要有计划地塑造自己，避免了学习的盲目性。通过职位实习，大学生还能够更加清楚社会职业分类及职位变化，清楚不同职位对自己的意义所在，有利于大学生在就业过程中正确定位、顺利毕业，以及成功地就业和创业。

4. 寻求有效帮助

在必要时，可寻求有效的支持和帮助。这些支持和帮助可以来自亲朋好友，也可以来自老师、学校，还可以来自一些专业机构的专业人员。

知识链接四　大学生就业观

一、就业观的内涵

就业，是大部分大学生走出学校、走向社会、参与社会活动的必然结果，也是对大学生知识、能力、素质的综合性检验。就业观是大学生关于职业理想、就业动机、就业标准的根本观点和看法，是其世界观、人生观、价值观在就业问题上的集中反映，也是大学生走向求职市场的思想先导，它支配着大学生择业的方向、定位和抉择。

二、大学生就业的常见误区

初次面临就业的大学生，由于相对缺乏对自身及社会的认识，在就业观方面难免会存在一些误区，主要表现有以下几个方面。

（一）一次就业定终身

理性化、务实化的就业观是现代人求职过程中所必备的。随着社会的发展，就业途径越来越多元化，日益细化的行业分工为大学毕业生提供了更多的选择机会。一次就业的观念已经跟不上社会发展的步伐，现代求职者应该丢弃“铁饭碗”“求职一次到位”等传统观念，主动选择那些有挑战性、有风险的职业，将自己的职业目标、价值观、择业要求与客观环境结合起来进行思考、评价，合理规划职业生涯，努力开创属于自己的事业。

（二）过于依赖人脉关系

一些求职者认为，人脉关系是求职成功的重要条件。这类求职者普遍具有依赖心理，他们认为凭借父母亲朋的人脉关系就可以不费力气地找到稳妥、高收入的工作。殊不知，能力欠缺的人即使靠人脉找到了好工作，如在实际工作中不能胜任本职工作，也是难以长久的。而且，很多不法者利用求职者找工作时的急切心理，打出能帮人找工作的旗号骗取大学生财物。因此，寄希望于靠人脉关系找工作的大学生应改变策略，从提高个人能力入手，自立自强。

课堂讨论

你认为在能力、人脉关系、财力、学历、相貌这 5 项因素中，哪种因素是最重要的？为什么？

（三）天之骄子心态

自主择业给求职者提供了自由选择职业和公平竞争的机会。但是，一些高学历的求职者面对严峻的就业形势和激烈的竞争环境，对于择业的期望值相当高，表现出盲目的骄傲。他们过高地评价自己，对一般的职位不屑一顾，福利待遇好的大城市、政府机关、知名企业才是他们理想的去处。他们向往高职位、高薪水、高回报，一厢情愿地对用人单位提出各种要求，遭到拒绝时也不肯降低就业期望值。其实，这部分人在工作岗位上也可能出现眼高手低的情况。在就业能力上，他们往往不如学历偏低但有从业经验的人。理想与现实是存在一定差距的，大学生只有放下身段，从基层做起，改变“高不成，低不就”的现状，杜绝偏执、自卑、虚伪等心理问题，才能矫正择业行为的偏差。

（四）大城市趋向

部分大学生择业时，认为要去就去沿海大城市。在他们看来，到大城市一定会有更多的发展机会，他们宁可到沿海地区或大城市改行，也不愿意在当地欠发达地区择业。他们很少考虑自己事业的发展和能力的发挥，更少考虑国家的需要。这样的毕业生往往忽略了在大城市生活的高成本和高压力。

三、树立正确的就业观

树立正确的就业观能指导大学生在就业时做出理性、合适的选择。树立正确的就业观，大学生主要应该从以下几个方面做起。

（一）胸怀祖国、心系社会，以民族昌盛为己任

大学生是最有朝气、最有干劲的社会主义事业的高素质接班人，是建设祖国明天的优势群体。所以，在选择职业时应认识到自己是一个社会人，自己的人生价值是社会价值和自我价值的统一，应树立从国家发展的大局和社会需要出发的爱国主义精神。还要认识到个人对社会的付出越多，回报就越多；贡献越大，生命也就越有价值。

同时，当代大学生在储备知识、锻炼素质的同时，还要培养爱岗敬业、服务社会的就业观。在确立职业理想时，既要着眼当前，又要考虑长远，把职业理想与爱国情感相结合，

与社会责任感和民族精神相结合，真正追求个人价值和社会价值的完美统一。这样，职业选择才体现出其先进性、社会性和时代性。

（二）树立大众化的就业观

随着时代的变迁及科学技术的突飞猛进，高等教育大众化已是必然的趋势。大学生要想实现顺利就业，就要把心态放平，开阔眼界，客观地认识市场，并根据不断变化的人才市场状况，及时调整心态，找准自己就业的社会定位，适时调整自己的择业方向和择业目标，树立大众化的就业观。在必要时，大学生可以降低对薪酬的期盼和对大公司的热望，要敢于选择名气不大但又有发展前途的中小企业和私营企业，灵活地“先就业”。

（三）从基层做起，重视锻炼，相信“后劲”

很多大学生都怀有远大的职业理想和抱负，有很强的“精英情结”，其就业观念与社会用人单位的需求不相符，从而增加了大学生就业的难度。这一方面抑制了用人单位对劳动力的吸纳，另一方面也是造成局部地区和局部行业人才过剩的原因之一。究其更深层次的原因，就在于大学生的主观意识和自身的客观条件相互矛盾，即大学生被“精英情结”深深地束缚了。这种情结虽然在淡化，但它的淡化速度却没有赶上高等教育大众化的普及速度。中国家庭根深蒂固的“望子成龙、望女成凤”思想和社会上“上大学＝成功＝社会精英”的观念仍对大学生“精英情结”的“泛化”起着作用，进而使得大学生产生了过高的工作期望值。

大学生应该正确定位自己，多了解不同行业对人才的要求和行业性质，树立“千里之行，始于足下”的就业态度，从基层做起，在工作中锻炼和加强自己的业务能力、积累工作经验。此外，大学生还应该用发展的眼光去选择自己的事业，放弃那种“捧着本科文凭去当业务员，不划算、不甘心”的态度，相信自己在平凡的岗位上也能比别人做得更好，要相信自己的发展潜力，只要能去挖掘，肯定会有“后劲”。

（四）全力打造自己，用实力说话，讲求诚信

作为大学生，为了在完成学业后能够顺利地在社会中找到立足之地，能更好地为祖国建设一展才华，就应该从自己步入大学的那一刻起，努力学习专业知识，不断加强专业技能锻炼，夯实专业基础，掌握驾驭生活、驾驭社会的本领。同时要广泛学习各方面的知识，扩大视野，以增强适应工作的能力。要树立“实力是最好的自我推销语言”的信念，避免以下两种状况出现：① 上学期间避重就轻放松了学业，到毕业时开始制作假简历、假证书，自我吹嘘；② 企图利用社会上的腐败因素，通过“非常规渠道”去获得工作。实践才是检验本领的试金石，任何投机取巧的行为都是徒劳的。我们应该做一个市场相信、单位认可的，既看重实力又讲求诚信的社会主义劳动者。

（五）把心态清零，坦然就业

在市场经济条件下，就业实行了双向选择。毕业生和用人单位一样，有了自主选择的权利。但在选择过程中，大学生的一些顾虑会影响其就业和择业。因此，大学生在选择职业时，一定要把心态清为“零状态”。

大学生应放下自己“大学生”的身份，首先视自己为一个社会劳动者，然后再客观地去审视自己的专长、专业水平、个人特点、优缺点，以及自己更适合做什么、有多大的发展潜能。最后，在比较之下选择一个最佳结合点，并立足于自己所选择的职业，以务实的精神去做出成绩，创造出更大的价值。很多毕业生盲目追求社会地位和虚荣心的满足，而不顾自己的实际，忽视人生价值的实现，就会与机遇失之交臂。

（六）面向西部地区，面向基层

东部发达地区人才众多，而西部地区人才相对缺乏；大中城市人才竞争激烈，而中小城镇的基层单位求贤若渴：这是不可否认的事实。在这种形势下，大学生往西部、下基层寻找就业机会，应当是一个明智之举。其实，西部地区、基层单位为吸引人才，也采取了各种措施，为大学毕业生提供了很多优惠条件，并且国家的西部大开发战略也为西部的发展创造了难得的机遇。另外，国家为了实现整体发展，必定会在政策、物力、财力上给予西部及基层极大的支持。到西部就业，身处相对艰难的环境中，可以锻炼自己，而且由于西部及基层就业竞争相对来说不是太激烈，对个人来说机会会更多一些。

拓展阅读

让青春梦想在雪域高原点亮

肖媛娟，女，汉族，中共党员，1994年10月出生，2016年6月毕业于南昌师范学院外国语学院，同年4月报名参加了大学生西部计划志愿者专项行动。2016年8月至2018年12月，供职于西藏昌都市左贡县旅游局。2019年1月，考取左贡县中学正式教师。在志愿服务期间，肖媛娟荣获2016～2017年度昌都市西部计划“优秀志愿者”、2018年左贡县首届“梅里门庭”文化旅游艺术节“先进个人”、2018年左贡县“优秀党员”等荣誉称号。

2016年7月23日，肖媛娟怀揣着“坐上火车去拉萨”的浪漫憧憬随着江西志愿者服务队从武昌坐火车前往西藏。7月25日抵达拉萨后，队员们便马上开始接受志愿者工作培训，并于8月奔赴各服务单位开展志愿服务工作。

肖媛娟最开始的工作岗位是小学教师。初来西藏，面对语言、生活习惯、物质条件等诸多的不适应，肖媛娟也打过退堂鼓。但一想到学校领导的嘱托和期望、父母亲朋的支持和鼓励，她便说服自己要坚持下去，她常常告诉自己：“既然响应了国家的号召，选择了到西部去、到基层去、到祖国最需要的地方去，就要努力把任务完成好。”

后来，因县里工作需要，肖媛娟被调至西藏昌都左贡县旅游局。由于左贡县旅游局工作人员不足，很多工作都落在了肖媛娟这个刚毕业的大学生身上。在旅游局工作期间，肖媛娟主要负责“左贡旅游”公众号的开发和日常维护、局里各类文字材料的撰写、全县旅游脱贫攻坚情况回报等工作。她还对接了市局6个科室的工作，承担了旅游数据统计、旅游市场调查等多项工作。因为工作繁重，肖媛娟常常加班到深夜，可她从不叫苦、叫累。

在工作之余，肖媛娟也非常忙碌。她牢记西部志愿者“尽己所能，不计报酬，帮助他人，服务社会，践行志愿精神，传播先进文化，为建设团结互助、平等友爱、共同前进的美好社会贡献力量”的使命，积极参加县团委项目办组织的“敬老院慰问老人”“文明清扫新区”“打扫烈士墓”“教育辅导进校园”“春运暖冬行动”“植树种草”“文明餐桌行”“清扫318国道及玉曲河沿线垃圾”“法律知识进村宣传行动”等志愿服务活动，还抽空为县里一些家境困难的学生补习英语。肖媛娟坚信：学生是祖国的花朵，要想改变西藏，就得从青年一代抓起；只有青年一代不断变强，这个地区才会慢慢变好。于是，在志愿服务期满后，肖媛娟报考了昌都的教师岗位，并最终如愿考取。

转眼间，肖媛娟进藏已三年了。在这三年中，肖媛娟亲身感受了基层工作人员的艰苦生活，并从一个刚刚踏出校门的大学生成长为一名能独当一面的职场人。肖媛娟告诉自己，今后不论在哪个岗位，自己都将摆正心态，继续弘扬志愿者精神，为建设美好社会贡献力量。

（七）树立自主创业的思想

高等教育已从精英教育向大众化教育转变，这使大学生的就业压力越来越大。开拓新的就业渠道，走自主创业之路，是当前大学生就业的新思路。

大学生应该从在校期间就转变“找工作”的单一就业思维模式，树立“让工作来找我”的创业意识。“让工作来找我”并非凭自己的知识在家静等，而是要充分发挥自己的特长和兴趣，将自己的聪明才智和奋斗精神相结合，去开拓新的领域、创造就业岗位、创建自己的事业。

大学生自主创业，一方面可以增强自己的动手操作能力、组织协调能力、心理承受能力、团队合作精神和社会适应能力；另一方面，可以为自己解决就业问题。创业的道路不可能一帆风顺，在碰到挫折和困难时，大学生要灵活地调整自己的策略，不应轻易言败或放弃。创业的过程的确艰辛，但欢乐与收获也在其中。只要坚持梦想、坚韧不拔，相信很多大学生都可以在创业的过程中实现自己的人生价值。

拓展阅读

互联网时代须革新就业观：创业是就业之源

随着互联网的出现及电子商务等新兴行业的崛起，中国的就业市场正在发生翻天覆地的变化。国家商务部发布的《中国电子商务报告》指出，电子商务作为战略性新兴产业，已经成为促进就业的主要途径之一。据 CNNIC（中国互联网络信息中心）《第 34 次中国互联网络发展状况统计报告》，手机支付成为网络应用发展最大的亮点。

庞大的网购数据正是电子商务发展的蓝海所在，它开创了更多的就业和创业机会。尤其是在创业方面，随着互联网技术的渐趋成熟，只要稍微懂点互联网的人即可网上开店创业。这种创业方式成本低廉，只要一台电脑、一间小屋。它的低风险性令众多白手起家的创业者敢于放手一搏。如果创业初期试水成功，就能获取互联网带来的丰厚利润。所以，电子商务成了解决就业问题的好出路。在互联网时代，只有革新自己的就业观念，突破“就业=求职”的观念桎梏，才有可能解决自己的就业难题。

资料来源：搜狐网，http://www.sohu.com/a/20281713_137131

（八）树立终生教育培训观

“学业”和“技能”是求职就业的基础和前提。虽然大学生在知识、能力等方面有优势，但大学生在校期间所学的主要是基础知识和专业知识，在实践运用方面还比较欠缺。而且，从社会的发展进步来讲，由于边缘学科、交叉学科的广泛兴起，就业者需要有更广博的知识面，仅凭所学专业是不够的。因此，大学生应在学校里尽可能地拓宽自己的知识面，提高自己的综合素质，以适应未来严峻的就业形势。同时，还应树立起终生接受知识教育和技能培训的观念，只有不断地“充电”，才能占据主动地位。

（九）倡导“从业就是就业”的观念

一般来说，刚毕业的大学生就业期望值都是比较高的，而这一群体又是就业大军中工作经验和经历都比较缺乏的。通常最受用人单位青睐的是有各种经验的“跳槽者”，因为他们有经验、有学历，可以在某一岗位上独当一面。他们不仅能为用人单位节省员工培训及业务引导的成本，并且能很快创造价值。而应届大学毕业生显然达不到这一标准，因此，大学毕业生想一步到位进入自己所希望的单位和岗位，难度是很大的。

在社会劳动力供给大于需求，大学生就业困难的现状下，抱有“在机关、事业单位、国有企业工作才算就业”的旧观念，“挑肥拣瘦”地寻求职业，宁可待业也不愿降低求职门槛的做法显然与时代形势相悖。大学生群体应转变就业观，调整就业期望，拓宽就业渠道，树立“先就业、后择业；先生存、后发展”的观念。大学生只有根据自身条件，采取先就业后择业、临时就业、短暂就业、承包就业、兼职就业或自主创业等灵活就业的方式，才能走出就业困境。

四、师范类大学生的新就业观

首先，教师是人类灵魂的工程师。要想成为一名合格的教师，师范类大学生除了要树立正确的就业观，还要有时代精神，根据国家和社会的需要来规划自己的人生。因此，师范类大学生在择业时不能只考虑薪资水平、工作环境、地点等因素，更要在了解社会需要的基础上，优先考虑那些能让自己充分发挥作用的，能为社会创造更多价值的工作岗位，以适应我国经济社会发展对教师的人才需求，指导自己正确择业。

其次，师范类大学生要想成为一名合格的教师，必须要有良好的教师职业道德。教师职业道德又称“教师道德”或“师德”，是教师在从事教育劳动中所遵循的行为准则和必备的道德品质，其内容是“爱国守法、爱岗敬业、关爱学生、教书育人、为人师表、终身学习”。以上是《中小学教师职业道德规范》《高等学校教师职业道德规范》给出的师德标准。它从道义上规定了教师在教育劳动过程中应以什么样的思想、感情、态度和作风去待人接物，处理问题，做好工作。它是教师行业的特殊道德要求，是调整教师与教师、教师与学生、教师与学校领导、教师与学生家长以及教师与社会其他方面关系的行为准则，是一般社会道德在教师职业中的特殊体现。

最后，师范类大学生还要树立现代教育思想和现代教学理念，积极投身于社会教育事业中，不断反思、不断总结、积累知识、强化素质，树立人本意识，为学生服务，与学生一起成长。

案例精选

到更需要自己的地方去工作

日前，在新疆维吾尔自治区教育厅举办的教育部直属师范大学新疆籍免费师范毕业生暨自治区师范类毕业生供需见面会上，许多师范毕业生表达了想去南疆地区当老师的意愿。

“我的专业是语文教育，想去您的学校当教师，这是我的简历。”昌吉学院毕业生陶晓双对南疆阿瓦提第五中学的教务主任魏晓斌说。

“与你所在的北疆相比，我们那里条件比较艰苦，担心你吃不了那个苦。”魏晓斌说。

“没关系的，我不怕吃苦，南疆的讲台更需要我们！”陶晓双坚定地回答。

“虽然我的家在北疆，但我也愿意去南疆工作，这是我的简历。”陶晓双刚说完，她的同学万正华也递上了简历。

魏晓斌非常高兴能看到这么多优秀的毕业生愿意到南疆当老师。他一边登记求职者的信息，一边对记者说：“南疆的经济条件有限，生活环境相对艰苦，这些大学生却志愿来南疆工作，让人很感动。”

来自哈尔滨师范大学的努尔沙拉麦提·阿不都热依木是第一个来到喀什地区伽师县双语高中招聘台前的求职大学生。她介绍自己说：“我的家乡就在伽师县，家乡的学校正缺双语教师，我想回家乡当一名教师，尽自己的一份力量。”她还向旁边前来采访的记者介绍说，自己原本可以在乌鲁木齐找一份收入不菲的工作，但想到家乡缺少可以教授双语的教师，就决定回家乡。“我觉得这样做，更能体现一名少数民族大学生的人生价值。”她微笑着说。

在现场，像努尔沙拉麦提·阿不都热依木一样来自南疆，毕业后想回家乡贡献力量的学生不在少数。前来招聘的伽师县双语高中教师张建国说：“3 年来，学校共招聘了近 40 名教师，都是当地生源的师范毕业生，都留下来了。”喀什地区教育局人事科科长加马力丁·阿布来提也告诉记者，“我们地处南疆，当地考出来的毕业生是我们的首选。这 3 年，我们招聘了近 200 名当地生源的免费师范生。这些毕业生素质高，教学能力强，深受学校欢迎。”

此次供需见面会结束后，新疆维吾尔自治区教育厅的工作人员对记者说：“从此次供需见面会上的情况看，大学生的就业观念进一步转变，不少原本可以选择留在大城市的毕业生，志愿选择回到南疆，令人欣喜。”

资料来源：学信网，https://www.chsi.com.cn/jyzx/201505/20150515/1465534783.html

探索活动

探索活动一　决策风格类型测试

你平时是如何做决策的呢？表 4-9 中的“情景陈述”是一般人在处理日常事务时的态度、习惯及行为方式。请阅读这些句子，根据自身实际情况进行选择。

表 4-9　决策风格类型测试表

情景陈述	符合/不符合
1. 我常仓促地做出草率的判断	□/□
2. 我做事情时不喜欢自己出主意	□/□

（续表）

情景陈述	符合/不符合
3. 碰到难做的事情，我就把它放到一边	□/□
4. 我会多方收集做决策所必需的一些信息和资料	□/□
5. 我常凭一时冲动行事	□/□
6. 做事时我喜欢有人在身旁，以便随时商量	□/□
7. 到了需要做决定的时刻，我就紧张不安	□/□
8. 我会将收集到的信息和资料加以比较分析，列出选择的方案	□/□
9. 我经常改变我所做出的决定	□/□
10. 发现别人的看法与我的不同，我就不知道该怎么办	□/□
11. 我做事总是东想西想，下不了决心	□/□
12. 我会权衡各项可选择方案的利弊得失，做出最好的选择	□/□
13. 做决定之前，我不做任何准备，也不分析可能的结果	□/□
14. 我很容易受别人意见的影响	□/□
15. 我觉得做决定是一件痛苦的事情	□/□
16. 我会参考其他人的意见，再斟酌自己的情况来做出最适合自己的决定	□/□
17. 我常不经慎重思考就做决定	□/□
18. 在父母、师长或亲友催促我做决定之前，我并不打算做任何决定	□/□
19. 为了避免做决定的痛苦，我现在并不想做决定	□/□
20. 经过深思熟虑之后，我会明确决定一项最佳的方案	□/□
21. 我喜欢凭直觉做事	□/□
22. 我常让父母、师长或亲友为我做决定	□/□
23. 我处理事情经常犹豫不决	□/□
24. 选择了方案以后，我会开展必要的行动，并全力以赴做好它	□/□

记分方式：将同一类型的得分（选择“符合”计 1 分，选择“不符合”计 0 分）记入测试结果表（见表 4-10），哪种类型得分最高，可能你就属于哪种决策类型。

表 4-10 决策风格类型测试结果

题号组	1，5，9，13，17，21	2，6，10，14，18，22	3，7，11，15，19，23	4，8，12，16，20，24
得分				
决策类型	冲动直觉型	依赖型	逃避忧郁型	理性型

你的决策风格是________________

探索活动二　案例分析

材料

林兰，江西宜春人，26 岁，大专学历，学的是商务英语专业，参加工作已 4 年。刚毕业时，她进入了当地一家报社做编辑。但由于文笔不好，始终达不到领导的要求，压力越来越大，于是林兰就辞职了。第二份工作是一家公司的文员，平时做一些打字之类的琐碎小事，她觉得学不到什么东西，于是又辞职了。后来她又找了几份工作，都和第二份工作差不多。目前林兰在一家公司做经理秘书，对这份工作，林兰还是比较满意的。

最近同学聚会，林兰感觉周围的同学个个比自己强，有些已当上了经理。再看看自己，经理秘书虽听起来不错，但没有专业技能傍身，说不定哪天就失业了，所以林兰想换一份稳定的工作。想来想去，除文员、经理秘书这些，她也想不出其他工作了。

问题

请帮林兰分析一下，对于未来的职业生涯，她该如何规划？

探索活动三　寻找人生目标——六步游戏

游戏道具：4～5 张卡片。

环境要求：安静舒适。

情绪状态要求：精神饱满，思维活跃。

提醒：在考虑目标时，应尽量全面，避免仅从一个方面考虑（如仅考虑事业）。

第一步：寻找终生目标

拿出一张卡片，写下第一个问题：我的终生目标是什么？然后用 2 分钟写下答案，要遵从内心的想法，想的是什么就写下什么。

如果你无法直接确立人生目标，可以回想一下你童年、少年时的梦想，或者那些令你最开心的事，以此作为启发，再写下你的答案。

第二步：思考如何度过今后三年

请在第二张卡片上，写下第二个问题：我该怎样度过今后三年？用 2 分钟尽快写下答案，所写的内容要比第一张卡片具体。例如，第一张卡片上你写了要过幸福的生活，那么在这张纸上你就要将它分解为较具体、细致的目标。

第三步：半年内最重要的事

在第三张卡片上写下第三、第四个问题：我在这半年内应该做哪些事？哪些工作对我最重要？这张卡片所罗列的内容，应该比第二张纸更具体、细致、全面，而且是自己需要也是能够立刻做的。

第四步：浏览前三步

浏览一下前三步的答案，你应该发现，第二步的答案就是第一步答案的延伸，第三步是前两步答案的继续。如果你的三步答案不具备这种逻辑，就需要进行调整。

第五步：目标分类

请把三张卡片都拿起来，对上面的目标进行归类，如分为事业目标、爱好特长目标、婚恋目标、社会交际目标、身心素质目标、读书目标等。

第六步：确立不同时期的目标

将三张卡片上的目标按同类关系及同性质的关系连成一条线，这样就形成了你的短期、中期、长期目标。然后，结合自己的个人情况，根据短期目标制订切实可行的月计划、周计划、日计划。注意制订的下一级计划应服务于上一级计划。例如，制订周计划是为了完成月计划，制订日计划是为了完成周计划。当短期目标实现后，再向下一个目标前进。

课外实践

课外实践一　完成个人职业生涯规划书

活动目的

规划自己的职业发展，为踏入竞争激烈的社会做好准备。

活动要求

撰写一份符合自身情况的大学生职业生涯规划书，要求内容完整、分析准确、目标合理，实施步骤可行。

课外实践二　课外阅读

一、《优秀到不能被忽视》

作者：（美国）卡尔·纽波特

译者：张宝

出版社：北京联合出版公司

出版时间：2016 年

推荐理由：《优秀到不能被忽视》是写给每一个职场人的醒脑剂，也是在“鸡汤”和“鸡血”盛行之下对工作和人生的深度思考和探寻。

作者卡尔·纽波特描述了对待职业生涯的两种不同思维方式。一种是工匠思维，即关注自己能给世界带来什么；另一种是激情思维，即关注世界能给自己带来什么。在《优秀到不能被忽视》中，作者沿着一条清晰的逻辑，提出关于人生和职场的四大规则，教读者如何获取自己的职场资本、自主力、使命感，让读者从探究自己是谁、工作意义是什么、正确的工作是什么中解脱出来，通过努力创造属于自己的一切。本书封面如图 4-3 所示。

图 4-3　《优秀到不能被忽视》封面

二、《决策的艺术》

作者：（美国）约翰 S. 哈蒙德、拉尔夫 L. 基尼、霍华德 • 雷法

译者：王正林

出版社：机械工业出版社

出版时间：2016 年

推荐理由：不同的决策会带来不同的职业发展。做出明智的选择，是一项与每个人都息息相关的基本技能。《决策的艺术》汇集了约翰 S. 哈蒙德、拉尔夫 L. 基尼、霍华德 • 雷法三位管理学专家的智慧和力量，融入了他们近 40 年的研究和实践经验，是决策和思维方法领域的一本重要著作。本书为读者提供了一套非常直接、易行的步骤和程序，能够帮助读者迅速改进自己做决策的方法。本书封面如图 4-4 所示。

图 4-4　《决策的艺术》封面

参考文献

[1] 李肖鸣，朱建新．大学生创业基础（第2版）[M]．北京：清华大学出版社，2013．

[2] 李家华．创业基础 [M]．北京：北京师范大学出版社，2013．

[3] 吴运迪．大学生创业指导 [M]．北京：清华大学出版社，2012．

[4] 李时椿，常建坤．创新与创业管理：过程・实践・技能 [M]．南京：南京大学出版社，2011．

[5] 吴晓义．创业基础：理论、案例与实训 [M]．北京：中国人民大学出版社，2014．

[6] 李秋斌．大学生创业指导 [M]．北京：北京大学出版社，2013．

[7] 李鹏祥．大学生自主创业指导 [M]．北京：北京大学出版社，2011．

[8] 杨敏．创新与创业指导 [M]．杭州：浙江大学出版社，2011．

[9] 张再生．职业生涯规划（第5版）[M]．天津：天津大学出版社，2014．

[10] 苏文平．职业生涯规划与就业创业指导 [M]．北京：中国人民大学出版社，2016．

[11] 方伟．大学生职业生涯规划咨询案例教程 [M]．北京：北京大学出版社，2015．

[12] 谭禾丰．职业生涯规划与就业指导 [M]．北京：机械工业出版社，2016．

[13] 葛玉辉．职业生涯规划与管理 [M]．北京：清华大学出版社，2014．

[14] 邱仲潘，叶文强，傅剑波．大学生职业生涯规划 [M]．北京：清华大学出版社，2017．

[15] 刘平．大学生就业与创业指导 [M]．北京：清华大学出版社，2016．

[16] 何小姬．就业指导——理论、案例与实训 [M]．北京：中国人民大学出版社，2015．

[17] 王瑛．职业发展与就业指导 [M]．北京：高等教育出版社，2017．

[18] 孙洪义．创新创业基础 [M]．北京：机械工业出版社，2016．

[19] 张玉利．创新与创业基础 [M]．北京：高等教育出版社，2017．

[20] 钟谷兰，杨开．大学生职业生涯发展与规划 [M]．上海：华东师范大学出版社，2016．

[21] 丁木金．新编大学生就业与创业指导 [M]．上海：上海交通大学出版社，2018．